Übungsbuch zur portugiesischen Grammatik

Wolfgang Reumuth

Übungsbuch zur portugiesischen Grammatik

Europäisches und brasilianisches Portugiesisch

Mit einem Schlüssel zu den Übungen

gottfried egert verlag
2020

Übungsbuch zur portugiesischen Grammatik

von
Wolfgang Reumuth, Mannheim

Bibliografische Information Der Deutschen Bibliothek
Die Deutsche Bibliothek verzeichnet diese Publikation in der Deutschen Nationalbibliografie; detaillierte bibliografische Daten sind im Internet über <http://dnb.ddb.de> abrufbar.

ISBN 978-3-936496-51-2

www.egertverlag.de
Gedruckt auf Recyclingpapier aus 100% Altpapier

Herstellung: Sonnendruck GmbH, Wiesloch
Printed in Germany

klimaneutral
natureOffice.com | DE-291-JY7FLY7
gedruckt

Vorwort

Das *Übungsbuch zur portugiesischen Grammatik* ergänzt die *Praktische Grammatik der portugiesischen Sprache* von Wolfgang Reumuth und Otto Winkelmann, die ebenfalls im *gottfried egert verlag* erschienen ist. Das Buch bietet fortgeschrittenen Portugiesischlernenden zahlreiche Übungen zu allen relevanten Kapiteln der portugiesischen Grammatik.

Neben Einsetz-, Substitutions- und Transformationsübungen nehmen deutsch-portugiesische Übersetzungsübungen, von deren Nützlichkeit der Verfasser fest überzeugt ist, einen breiten Raum ein. Bei Übersetzungen in die Fremdsprache können sich die Lernenden nämlich nicht nur auf eine grammatische Schwierigkeit konzentrieren, sondern sie müssen mehrere Phänomene im Blick haben.

Diejenigen Übungen, die mit einem Sternchen gekennzeichnet sind, weisen einen höheren Schwierigkeitsgrad auf. Die zu Beginn eines jeden Kapitels angegebenen Paragraphen beziehen sich auf die *Praktische Grammatik der portugiesischen Sprache.*

Das Übungsbuch beschränkt sich nicht nur auf das europäische Portugiesisch, sondern berücksichtigt auch in gleichem Maße das brasilianische Portugiesisch (BP).

Für die äußerst sorgfältige Durchsicht des Werkes danke ich Frau Elisabeth Gonçalves von Strasser. Herrn Roberto Singer bin ich für Hinweise zu den brasilianischen Varianten dankbar. Herrn Professor Dr. Otto Winkelmann, der die Entstehung des ganzen Werkes begleitet hat, bin ich zu großem Dank verpflichtet.

Mannheim, im August 2020 — Wolfgang Reumuth

Índice

		pág.
Capítulo 1	Pronúncia e escrita	1
Capítulo 2	O substantivo	3
Capítulo 3	O artigo	8
Capítulo 4	Os demonstrativos	12
Capítulo 5	Os pronomes possessivos	14
Capítulo 6	Os pronomes indefinidos	16
Capítulo 7	Os numerais	20
Capítulo 8	Os pronomes interrogativos	23
Capítulo 9	Os pronomes pessoais	27
Capítulo 10	Os pronomes relativos	31
Capítulo 11	O adjetivo	34
Capítulo 12	As formas do verbo	44
Capítulo 13	O uso dos tempos do indicativo	48
Capítulo 14	O uso do conjuntivo, do imperativo e do condicional	54
Capítulo 15	O uso da voz passiva	64
Capítulo 16	O verbo reflexivo	68
Capítulo 17	O uso de ser e estar	72
Capítulo 18	Os particípios	77
Capítulo 19	O gerúndio	82
Capítulo 20	O infinitivo	85
Capítulo 21	As perífrases verbais	95
Capítulo 22	Os complementos verbais	97
Capítulo 23	O advérbio	106
Capítulo 24	Negação e restrição	113
Capítulo 25	As conjunções	117
Capítulo 26	As preposições	121
Capítulo 27	A estrutura da oração no português	149
Capítulo 28	O discurso indireto	152
Chave		158

Capítulo 1 Pronúncia e escrita (P.G. §§ 1-7)

1. Indicar os acentos/sinais ortográficos necessários:

1. policia	2. poesia	3. agencia
4. acucar em po	5. alcool	6. academia
7. orquidea	8. oasis	9. farmacia
10. juiz	11. o avo	12. mes
13. orfao	14. relampago	15. estomago
16. saude	17. bienio	18. pessego
19. egocentrico	20. enciclopedia	21. estrategia
22. economico	23. gladiolo	24. democracia
25. faze-lo	26. licoes	27. peao
28. juiza	29. aneis	30. avos
31. maracuja	32. fotocopia	33. paciencia
34. veem	35. fossemos	36. doi
37. louca	38. creem	39. les

2. Completar as letras que faltam:

1. .. irafa	2. c..mara	3. fi..ei	4. m..ses
5. p..s	6. diri..o	7. p..rfume	8. telemó..el
9. m..mia	10. ass..ssinar	11. .. erente	12.cancer..geno
13. ma.....rona	14. ass..mbleia	15. v..lcão	16. .. en.. ibre
17. carn..val	18. m..rmelada	19. ca..o	20. reg.. a
21. c..feína	22. lati..	23. amn..stia	24. bo..sa
25. ..atatas	26. co..er	27. gor.. eta	28. co.....er
29. mu..ulmano	30. muse..	31. azeit..na	32. ..ravata
33. r..u	34. túl..pa	35. r..inha	36. s..be
37. val..o	38. quei..o	39. progr..de	40. mon..e
41. nin..o	42. milagr..	43. maci..o	44. lu..o

3. Completar as palavras:

1. Não há regra sem exce...... .
2. Isso não é uma o...... ão .
3. Essas são a......ões dignas de elogio.
4. Isso não corresponde às minhas expe.....tativas.
5. A fa......ura está por pagar.
6. Essas medidas levaram a uma redu...... no número de desempregados.
7. O empregado não seguiu as instru...... .
8. Não gosto muito de imagens abstra...... .
9. *Ao* é a contra...... da preposição *a* com o artigo definido *o.*
10. A comida estava ó......ima.
11. Contraí uma infe..... .
12. Os fa...... falam por si.
13. Ele não pôde resistir à atra...... dela.
14. A subtra...... não está certa.
15. Esta aluna escreve boas reda...... .
16. A extra...... da lotaria/BP loteria já foi.
17. Isso é um caso de obstru…… à justiça.
18. Sean Connery é um a…… escocês.
19. Eu tenho um carro com tra...... às quatro rodas.
20. É uma ilusão de ó......ica.
21. Alguns deputados levantaram obje...... a este proje....... .
22. O médico deu-me/BP me deu uma inje...... .
23. Alcançámos os/BP Alcançamos nossos obj…… .
24. Um helicó...... levou os feridos para o hospital.
25. Muitos fa...... contribuíram para reduzir o desemprego.
26. Foi um espe...... magnífico.
27. O meu/BP Meu marido está a...ualmente em viagem de negócios.

Capítulo 2 O substantivo (P.G. §§ 11-24)

1. Inserir o artigo determinado/indeterminado:

1. Por favor, passe-me/BP me passe .... sal.
2. É .... foto má.
3. Onde está .... CD?
4. .... motorista perdeu .... controle do carro.
5. O *m* é .... consoante.
6. Onde compraste/BP você comprou .... mel?
7. .... Saara é o maior deserto quente d.......... planeta.
8. .... chocolate é muito doce.
9. É .... problema.
10. O *i* é .... vogal.
11. .... flores são para a/BP para minha esposa.
12. O que é .... oásis?
13. .... ponte está em mau estado.
14. .... leite está azed..... .
15. Ela tem .... nariz pontud..... .

2. Traduzir para português:

1. Es ist noch eine Gruppe Touristen angekommen.
2. Ein Zeuge beobachtete den Überfall.
3. Ich habe ein Konto auf der Bank.
4. Das war der Ruin der Firma.
5. Wo hast du die Pistazien gekauft?
6. Schick mir bitte eine E-Mail.
7. Der Saal war voll.
8. Er machte eine obszöne Geste.
9. Die Debatte dauerte über fünf Stunden.
10. Gefällt dir die Uniform der Polizei?
11. Bronze ist eine Legierung aus Kupfer und Zinn.

12. Endlich kamen wir zu einer Oase.
13. Ich werde eine Annonce in die Zeitung setzen.
14. Violine ist ein schwer erlernbares Instrument.
15. Ich werde einen Wodka mit Eis nehmen.
16. Das ist eine neue Methode.
17. Insulin ist ein vom dem Pankreas erzeugtes Hormon.
18. Ich würde gern an einer Safari durch Kenia teilnehmen.
19. Meiner Meinung nach ist der Tarif zu hoch.
20. Es ist ein sehr bekanntes Sinfonieorchester.
21. Die Tomaten sind noch unreif.
22. Die Fresken dieser Kapelle stammen aus dem 13. Jahrhundert.
23. Ich muss die Geranien gießen.
24. Hitze öffnet die Poren der Haut.
25. Der Urin entsteht in den Nieren.
26. Die Software funktioniert nicht gut.
27. Auf Seite 20 gibt es eine sehr interessante Grafik.
28. Die Donau entspringt im Schwarzwald.
29. Die Gotik verschwand mit der Ankunft der Renaissance.
30. Diese Episode zeigt seinen unnachgiebigen Charakter.
31. Dieses Jahr ist die Dividende sehr gering.
32. In diesem Getränk ist viel Koffein.
33. Ich habe das Finale des Turniers nicht gesehen.
34. Gibraltar ist eine britische Enklave im Süden der Iberischen Halbinsel.
35. Diese Brosche ist sehr kostbar.
36. Wer gründete den Jesuitenorden?
37. Wie heißt der französische Ägyptologe, der die Hieroglyphen entzifferte?
38. Man kennt die Herkunft dieses Wortes nicht.
39. Letztes Jahr verbrachten wir die Ferien an der Adria.
40. Zurzeit sind die Kontrollen an den Flughäfen sehr streng.

3. Indicar a forma feminina:

1. O meu/BP Meu irmão é pianista.
2. O meu/BP Meu genro é enfermeiro.
3. O meu/BP Meu marido é médico
4. Ajoelhou-se diante do rei.
5. O empregado de mesa/BP garçom foi muito amável.
6. O príncipe está doente.
7. Qual é o nome do herói do filme?
8. Qual é o nome do/BP de seu primo?
9. O peão/BP pedestre foi atropelado por um camião/BP caminhão.
10. O pai de João é psiquiatra.
11. Não me lembro do nome do autor.
12. Ele é um a(c)tor muito famoso.
13. O meu/BP Meu avô morreu há dois anos.
14. Você conhece esse homem?
15. Eu dou-me bem com o meu padrasto/BP Eu me dou bem com meu padrasto.
16. O ladrão foi preso pela polícia.
17. O conde morreu aos 85 anos.
18. O meu/BP Meu patrão é uma pessoa muito compreensiva.
19. O imperador era um amante da arte.
20. O duque patrocina muitos artistas.
21. Esta estátua representa um deus grego.
22. O Sr. Garcia é o meu/BP é meu antigo professor de inglês.
23. O rei esteve presente na inauguração do museu.
24. Este aluno é da Alemanha.
25. Sinto-me/BP Me sinto um escritor muito privilegiado.
26. O abade explicou a história do mosteiro.
27. O nosso filho dá-se bem com o seu chefe./BP Nosso filho se dá bem com seu chefe.

28. Qual é o nome do presidente da Câmara/BP prefeito?
29. O dire(c)tor é uma pessoa muito severa.
30. O réu é absolvido por falta de provas.
31. O meu/BP Meu vizinho trabalha como tradutor.

4. Pôr as seguintes frases no plural:

1. Sou alemão.
2. A luz está acesa.
3. O refém foi libertado pela polícia.
4. O barril está vazio.
5. O cão é um animal fiel.
6. Foi um mês difícil para nós.
7. O túnel é seguro.
8. É um hotel de quatro estrelas.
9. A minha/BP Minha irmã é casada.
10. O ladrão foi preso.
11. A mão estava limpa.
12. É uma canção italiana.
13. Qual é a região mais bonita?

5. Traduzir* para português:

1. Kleider machen Leute.
2. Der Schein trügt.
3. Ich bin ganz Ohr.
4. Ich will kein Risiko eingehen.
5. Gelegenheit macht Diebe.
6. Alles hat seine Grenzen.
7. Es ist ein Hotel mit allem Komfort.
8. Wir sind verschiedener Meinung.
9. Hunde, die bellen, beißen nicht.
10. Alles läuft nach Plan.

11. Der saure Regen schadet den Wäldern.
12. Eine Nachbarin leistete Erste Hilfe.
13. Die Versammlung fand hinter verschossenen Türen statt.
14. Das hat weder Hand noch Fuß.
15. Zwischen den beiden gibt es einen großen Altersunterschied.
16. Die Lebenshaltungskosten sind sehr hoch.
17. Ich habe Kopfschmerzen.
18. Sie arbeitet als Kellnerin, um ihr Studium zu finanzieren.
19. Die Feuerwehrleute setzen ihr Leben aufs Spiel.
20. Isst du gerne Nudeln?
21. Ein Schwimmer muss eine gute Lunge haben.
22. Ich nehme 200 gr. gekochten Schinken.
23. Hülsenfrüchte verursachen Blähungen.
24. Deine Deutschkenntnisse sind sehr gut.
25. Ich bin auf der Treppe gestolpert.
26. Das ist für Jugendliche beiderlei Geschlechts.
27. Die französische und die portugiesische Sprache kommen aus dem Lateinischen.
28. Deine Haare sind voller Schuppen.
29. Es sind drei Grad über Null.
30. Wo ist meine Brille?
31. Der zweite Band umfasst das 16. Und das 17. Jahrundert.
32. Ein Kind hat Masern.
33. Ich muss mir die Haare schneiden lassen.
34. Gleiches Recht für alle.
35. Der Zweck heiligt die Mittel.

Capítulo 3 O artigo (P.G. §§ 25-35)

1. Inserir, se for necessário, o artigo definido:

1. .... leite é saudável.
2. .... violência cria ódio.
3. Gosto de beber .... cerveja.
4. .... ouro é caro.
5. .... cerveja deve estar fresca.
6. .... italiano é uma língua românica.
7. Isso é .... cerveja.
8. É garantido .... anonimato.
9. Eu tinha .... prioridade.
10. .... verde é a minha/BP é minha cor favorita.
11. .... tabagismo passivo também é prejudicial à saúde.
12. Eu ando a aprender/BP estou aprendendo .... violino.
13. .... varicela causa muita comichão.
14. .... matemática é o seu/BP é seu ponto fraco.
15. .... violino é um instrumento difícil de aprender.
16. O meu/BP Meu pai tem .... diabetes.
17. Eu estou a estudar/BP estudando .... matemática.
18. A minha/BP Minha irmã tem .... cabelo loiro.
19. Não há .... amor como o primeiro.
20. Eu não saio nunca de casa com .... estômago vazio.
21. O meu/BP Meu avô fuma .... cachimbo.
22. Eu tenho .... memória fraca para fixar rostos.
23. .... competição é .... alma do comércio.
24. .... ociosidade é .... começo de todos os vícios.
25. .... Benfica joga contra .... Bayern.
26. .... pobreza não é .... vergonha.

27. .... colesterol alto não costuma apresentar sintomas.
28. .... mesmos direitos para todos.
29. .... negócio é .... negócio.
30. Quem tinha .... direito de prioridade/BP passagem?

2. Inserir, se for necessário, o artigo indefinido:

1. Tens/BP Você tem .... namorada?
2. O José/BP (O) José tem .... namorada muito linda.
3. Isso é .... pura mentira.
4. A baleia é .... mamífero.
5. Sou .... professor de matemática.
6. Foi .... caso de urgência.
7. Eu esperei .... meia hora.
8. Qualquer pessoa, andando de moto, deve usar .... capacete.
9. Eu tenho .... sono leve.
10. O meu/BP Meu aniversário calha a/BP cai em .... quinta-feira.
11. Os engenheiros mostram .... certo interesse pelo novo plano.
12. Você tem .... telemóvel/BP celular?
13. Eu sou .... Aquário e você ? – Eu sou .... Virgem.
14. Ela tem .... piercing no umbigo.
15. Existe .... vida após a morte?
16. Ela é .... boa amante.
17. É um filme com .... final feliz.
18. Ele tem .... boa memória.
19. A namorada dele tem .... olhos lindos.
20. O meu/BP Meu pai nunca usa .... gravata.
21. Eu sou .... filho único.
22. Foi .... parto difícil.

3. Traduzir para português:

1. Deutsch ist eine germanische Sprache.
2. Ich habe den Arzt gewechselt.
3. Ich würde gern eine Weltreise machen.
4. Sie hat ein gutes Herz.
5. Der Junge wurde bei einer Lüge ertappt.
6. Dein Bruder ist der geborene Lehrer.
7. Hast du einen Führerschein?
8. Ich habe nie ein so absurdes Argument gehört.
9. Es war die Hölle.
10. Unser Land befindet sich in einer Krise.
11. Ich werde mir einen Bart wachsen lassen.
12. Du brauchst ein Rezept.
13. Es ist eine Frage der Zeit.
14. Der junge Mann starb an einer Überdosis Heroin.
15. Mein Mann ist auf Geschäftsreise.
16. Ich fühle mich wie ein Fisch im Wasser.
17. Lidl ist ein deutsches Unternehmen.
18. Wie würdest du dich in einer solchen Situation verhalten?
19. Fußball ist mein Lieblingssport.
20. Auch Professoren können irren.
21. Es wird Frühling.
22. Blumenkohl bekommt mir nicht.
23. Das sind die Kinder aus erster Ehe.
24. Wir arbeiten von 8 bis vier.
25. Gegensätze ziehen sich an.
26. Man spricht nicht mit vollem Mund.
27. Hast du Milch gekauft?
28. Ich bin gegen Penizillin allergisch.

29. Der Politiker fiel einem Anschlag zum Opfer.
30. Obst ist gesund.
31. Wissen ist Macht.
32. Kinder haben viel Energie.
33. Ich habe Angst vor Hunden.
34. Marco ist ein Einzelkind.
35. Japaner lieben Blumen.
36. Krebs ist eine gefährliche Krankheit.
37. Der April hat 30 Tage.
38. Ich schlafe bei offenem Fenster.
39. Ich habe hohen Blutdruck.
40. Lesen bildet.
41. Der Politiker starb eines gewaltsamen Todes.
42. Einigkeit macht stark.
43. *Gehen* ist ein Verb der Bewegung.
44. Hattest du eine gute Reise?
45. Gestern habe ich den ganzen Tag mit Lesen verbracht.
46. Panik brach unter den Passagieren aus.
47. Salz wird zum Würzen gebraucht.
48. Ich werde mir einen Bart wachsen lassen.
49. Insulin wird hauptsächlich bei Behandlung von Diabetes benutzt.
50. Im Augenblick bin ich nicht in der Lage, meinen Beruf auszuüben.
51. Hast du ein Auto?
52. Ich wusste das von Anfang an.
53. Ich kenne ihn nur vom Sehen.
54. Der Lastwagen ist bei Rot durchgefahren.
55. Im Durchschnitt leben Frauen acht Jahre länger als Männer.
56. Ich habe ein gutes Gewissen.
57. Lügen haben kurze Beine.

Capítulo 4 Os demonstrativos (P.G. §§ 36-42)

1. Inserir o adjetivo/pronome apropriado:

1. .... semana tenho muito trabalho.
2. .... vestido está muito largo para mim.
3. Não faças/BP faça .... cara!
4. .... é uma vergonha!
5. Que tempos .... !
6. Eu estava muito nervoso .... dia.
7. .... época do ano tem poucos turistas.
8. A .... hora a praia está deserta.
9. .... aqui è muito mau para a saúde.
10. Só me faltava .... !
11. Na minha opinião, ... não são as medidas adequadas.
12. O governo tem que lidar com .... problema.
13. .... é a chave da casa.
14. .... é boa!
15. Sinto muito, mas .... lugar é o meu.
16. Estou lesionado. Por .... não posso jogar.
17. O que queres dizer/BP você quer dizer com ....?
18. .... é o meu/BP é meu e-mail.
19. Temos que brindar por ....
20. .... é um presente de casamento.
21. Como se chama .... estrela?
22. .... carro consome menos gasolina do que .... que eu tinha antes.
23. Como se pronuncia .... palavra?
24. Podes traduzir-me .... frase /BP Você pode traduzir .... frase para mim?
25. O que é ....? - .... é uma bússola.

2. Traduzir para portugues:

1. Gefällt dir dieses Kleid?
2. Dieser Stuhl ist besetzt.
3. Das ist ein spannender Krimi.
4. In diesem Fall haben Sie recht.
5. Die Farbe dieses Rocks gefällt mir sehr.
6. Diese Übersetzung ist voller Fehler.
7. Ich habe diesen Test bestanden.
8. Die Lage dieser Eltern ist nicht beneidenswert.
9. Was hättest du in dieser Situation gemacht?
10. Bei diesem Wetter gehe ich nicht aus dem Haus.
11. Das ist eine Lüge!
12. Dieses Problem kann kaum gelöst werden.
13. In dieser Nacht machte ich kein Auge zu.
14. Füllen Sie bitte dieses Formular aus.
15. Was will dieser Kerl?
16. Sprich nicht in diesem Ton mit mir.
17. In genau diesem Moment kam mein Chef herein.
18. In dieser Nacht regnete es viel.
19. Was mich beunruhigt, ist dies: ...
20. Mach nicht so ein Gesicht!
21. Das ist eine Katastrophe.
22. Diesmal kann ich dir nicht helfen.
23. Das wäre die beste Lösung.
24. Kennst du die Dame dort?
25. Was meinst du damit?
26. Diese Schuhe sind mir zu eng.
27. In diesem Aufzug haben nur fünf Personen Platz.
28. In jener Zeit waren die Lebensbedingungen sehr schlecht.

Capítulo 5 Os pronomes possessivos (P.G. §§ 43-50)

1. Inserir o pronome possessivo apropriado:

1. A mulher perdeu a/BP perdeu .... chave.
2. Onde pus os /BP pus .... óculos?
3. Vamos passar a/BP passar .... lua de mel na Itália.
4. Olivia, como se chama a/BP chama .... professora de matemática?
5. Eu dou-me/BP me dou bem com a/BP com.............. sogra.
6. O que é que os .... pais te deram no .... aniversário?/ BP O que .... pais lhe deram pelo .... aniversário?
7. Por favor dá-me a/BP dê-me/me dê .... chave, eu extraviei a ....
8. Já fizeste os .... trabalhos de casa?/BP Você já fez .... lição de casa?
9. Sr. Werner, este carro é ....?
10. Eu vi o roubo com os .... próprios olhos.
11. Amigos, a/BP Amigos, ... sugestão é interessante.
12. Cada coisa a .... tempo.
13. O prazer foi todo ....
14. Cada povo tem os/BP tem .... próprios costumes.
15. Ela melhorou graças aos cuidados da/BP de .... filha..
16. Viver aqui tem as/BP tem.............. . vantagens.

2. Traduzir para português:

1. Meine Muttersprache ist Deutsch.
2. Unser Hotel liegt im Zentrum.
3. Tennis ist mein Lieblingssport.
4. Ich habe die Blumen auf ihren Schreibtisch gestellt.
5. Was würdest du an meiner Stelle tun?

6. Ihre Väter sind arbeitslos.
7. Unsere Tochter ist ohne unsere Erlaubnis in die Disko gegangen.
8. Heute war unser Lehrer mit uns zufrieden.
9. Hast du dieses Brot bei eurem Bäcker gekauft?
10. Man muss sich mit seinem Los abfinden.
11. Maria ist in ihren Lehrer verliebt.
12. Können wir euren Rasenmäher benutzen? Unserer funktioniert nicht.
13. Wir sind mit unserem Hotel sehr zufrieden. Seid ihr mit eurem auch zufrieden?
14. Hier ist meine Handynummer. Könnten Sie mir Ihre geben?
15. Gegenüber unserem Haus ist ein Supermarkt.

3. Traduzir para português:

1. Ich habe meine Meinung geändert.
2. Ich will nur dein Bestes.
3. Er hat sein Bestes gegeben.
4. Warum hat er seine Frau verlassen?
5. Ich habe noch nicht mein Testament gemacht.
6. Das ist nicht mein Problem.
7. Meine Frau achtet auf ihre Figur.
8. Der Radfahrer starb an seinen Verletzungen.
9. Ihr Mann hat seine Stelle verloren.
10. João versteht sein Handwerk.
11. Ohne mein Handy verlasse ich nie das Haus.
12. Schließlich brach der Angeklagte sein Schweigen.
13. Zieh deinen Mantel aus.
14. Unsere Tochter wohnt mit ihrem Freund zusammen.

Capítulo 6 Os pronomes indefinidos (P.G. §§ 51-82)

1. Inserir o pronome indefinido apropriado:

1. Eu vejo-o/BP o vejo .... os dias.
2. A sopa não sabe a ....
3. O .... dinheiro que ganha não é suficiente.
4. .... coisa sempre faz falta.
5. Essas afirmações são .... mentiras!
6. Não me ocorre .... solução.
7. O álcool é uma droga entre ....
8. .... sabem dançar como ela.
9. Eu não falei com ....
10. .... está bem, quando acaba bem.
11. .... barulho e .... resultado.
12. Está ao telefone um .... Sr. Petersen.
13. Nem .... ficam contentes com o resultado.
14. Eu não vejo .... possibilidade de chegar a um acordo amistoso.
15. Não tenho .... interesse em o conhecer.
16. Você toca .... instrumento?
17. Não bebas/BP beba .... cerveja!
18. Trabalho com .... colegas, mas só me dou com ....
19. .... telefonou?
20. .... das alunas não participaram na/BP da excursão.
21. Traga-me .... cerveja, por favor.
22. Ainda tenho dois exemplares, você quer ....?
23. Isso não é .... comparado ao que experimentei.
24. Já esteve na França .... vez?
25. Ela vai passar no exame sem dúvida ....

26. São sempre os .... alunos que fazem travessuras na aula.
27. .... pensa só em si ....
28. .... espanhóis sabem falar russo.
29. .... é eterno.
30. .... coisa a seu tempo.
31. Uma coisa depois da ....
32. Nós .... aprendemos inglês.
33. Aí não somos da .... opinião.
34. Aconteceu .... coisa?
35. .... a gente gosta dele.
36. O Rui/BP (O) Rui é o único que estuda História, os .... estudam Direito.
37. Isso pode acontecer com .... um.
38. Os convidados chegaram ao .... tempo.
39. Você tem .... a razão.
40. Este cliente não sai nunca da loja sem comprar .... coisa.
41. Já conseguimos .... coisa.
42. Se eu pudesse eu faria .... coisa por si/BP você.
43. Moramos do .... lado do rio.
44. Você não tem .... mais barato?
45. .... felicidades pelo seu/BP por seu aniversário!
46. Com certeza, a senhora está a confundir-me/BP me está confundindo com .... pessoa.
47. Não havia dia .... que ele não tocasse piano.
48. A Olívia/BP (A) Olívia tem .... olhos maravilhosos.
49. Há .... coisa que não está bem.
50. O aluno não cometeu .... erros.
51. Somos da .... idade.
52. Conheço-o/BP Eu o conheço melhor que ....

53. .... dos meus amigos são estrangeiros.
54. Ligou um .... Mário.
55. .... pessoa no teu/BP no seu lugar teria feito isso.
56. Você tem que respeitar as opiniões dos ....
57. O cliente saiu sem comprar ....

2. Traduzir para português:

1. Man kann nicht alles wissen.
2. Ich kann nicht so viel essen.
3. Ist irgendetwas passiert?
4. In aller Eile gehen die Kinder nach Hause.
5. Sie haben viel gemeinsam.
6. Vielen Dank! – Keine Ursache!
7. Ich rufe ihn jeden Tag an.
8. Es gibt nicht nur eine Möglichkeit, sondern mehrere.
9. Da ich einige Einkäufe tätigen muss, werde ich nicht vor Mittag zu Hause sein.
10. Vieles hat sich geändert.
11. Meine Frau muss jeden Augenblick nach Hause kommen.
12. Das sind alles Ausgaben, die den Staatshaushalt belasten.
13. Müßiggang ist aller Laster Anfang.
14. Alle haben ein Handy, ich habe noch keins.
15. Leider kenne ich keinen, an den ich mich wenden könnte.
16. Alles Gute!
17. Ich habe genug Geld gespart, um die Reise zu machen.
18. Das kann jedem mal passieren.
19. In diesem Geschäft gibt es alles.
20. Ich dusche jeden Morgen.
21. Ich treibe etwas Sport.

22. Seine Frau ist aus allen Wolken gefallen, als sie die Nachricht hörte.
23. Mein Sohn isst alles.
24. Jeder Schüler lernt zwei Fremdsprachen.
25. Die Dame ging, ohne etwas zu kaufen.
26. Jeder hat seine Probleme.
27. Man kann nicht alles haben.
28. Wir besuchen ihn alle drei Jahre.
29. Jedes Kind will glücklich sein.
30. Viel Vergnügen!
31. Das ist die Wurzel allen Übels.
32. Aller Anfang ist schwer.
33. Ich traf sie vor einigen Tagen.
34. Das sagte kein Geringerer als Goethe.
35. Leider spreche ich kein Englisch.
36. Man ist nur einmal jung.
37. In Deutschland trennt man den Müll.
38. Die sagen einem eine Sache und machen dann etwas anderes.
39. Warum gibt es in der katholischen Kirche keine Priesterinnen?
40. Nicht alle kamen mit dem Leben davon.
41. Das ist nichts im Vergleich zu dem, was ich erlebt habe.
42. Spricht hier jemand Französisch?
43. Ich bin ganz andere Dinge gewöhnt.
44. Eine Schwalbe macht noch keinen Sommer.
45. Stimmt irgendetwas nicht?
46. Manche kapieren das nie.
47. Ich würde alles für dich tun.
48. Eine ganze Familie starb bei dem Unfall.
49. Ich spreche nur etwas Russisch.

Capítulo 7 Os numerais (P.G. §§ 83-94)

1. Ler as seguintes frases em voz alta:

1. Em 1572 saiu à luz a primeira edição de Os Lusíadas.
2. Em 1492, Nebrija escreveu a primeira gramática da língua espanhola.
3. 7 em cada 100 pessoas no mundo são falantes de espanhol.
4. O número total de desempregados é de 1.651.728, o que corresponde a 9,68% da população a(c)tiva.
5. A catástrofe deixou 14.360 feridos.
6. O meu/BP Meu número de telefone é 38 25 67
7. Liguei para si/BP para você esta manhã às 9, depois novamente às 11.30 e esta tarde mais duas vezes: às 5h15 e por volta das 8.
8. Eu já li 31 páginas.
9. Em agosto passado, foram registados/BP registrados 1.019.106 contratos, ou seja, 42.584 a menos do que no mesmo mês do ano passado.
10. Eu tenho 16 pares de sapatos.

2. Traduzir para português:

1. Ich wohne im dritten, mein Bruder im vierten Stock.
2. Am 9. November 1989 fiel die Berliner Mauer.
3. Heute ist der 1. November.
4. Bist du für die doppelte Staatsbürgerschaft?
5. Ich bekomme ein Drittel dessen, was mein Mann verdient.
6. Es war Liebe auf den ersten Blick.
7. Papst Franziscus folgte auf Papst Benedikt XVI.
8. In der Dritten Welt sterben viele Kinder an Hunger oder Aids.
9. Meine Frau ist im 6. Monat schwanger.
10. Ich habe anderthalb Stunden auf dich gewartet.
11. Wie viele Zuschauer waren da? – Hundert.

12. Unsere Tochter ist im siebten Himmel.
13. „Die fünfte Frau“ ist der Titel eines Buches von Henning Mankel.
14. In Deutschland gibt es 7.000.000 Einwanderer, 24 pro 1.000 Einwohner.
15. Ich bin am 18. 6.1983 geboren.
16. Der Dreißigjährige Krieg dauerte von 1618 bis 1648.
17. 1993 habe ich meine erste Reise nach Frankreich gemacht.
18. Ein Drittel der Schüler ist krank.
19. In Deutschland sind zwischen 2,8 und 3,2 Millionen Menschen islamischen Glaubens.
20. Im Oktober ist die Zahl der Arbeitslosen um 32.546 gestiegen.
21. In den sechziger Jahren wurde die Fünftagewoche eingeführt.
22. Dort sah ich sie zum ersten Mal.
23. Das Flugzeug ist um 23.01 Uhr gelandet.
24. Ich habe am 16. Juni Geburtstag.
25. João ist sieben Jahre älter als seine Schwester.
26. Unser Sohn wird im August achtzehn.
27. Der Bus kommt alle zehn Minuten.
28. Hunderttausende von Menschen mussten ihre Heimat verlassen.
29. Zehntausende von Arbeitern demonstrierten gestern gegen den Abbau von Arbeitsplätzen.
30. Brasilien wurde 1500 von Pedro Álvares Cabral entdeckt.
31. Heute ist der Dreizehnte.
32. Heute ist der 5. Juli.
33. Kennst du die zehn Gebote auswendig?
34. Dieses Jahr ist es uns gelungen, unseren Umsatz zu verdreifachen.
35. Wir beide verstehen uns sehr gut.
36. Was ist das Vierfache von 8?
37. Ich habe Bücher zum halben Preis gekauft.

38. Wir werden heute in vierzehn Tagen in Rio sein.
39. Papst Johannes XXIII. berief das Zweite Vatikanische Konzil ein.
40. Zu Hause sind wir zu fünft.
41. Gestern habe ich zwei Viertel Rotwein getrunken.

3. Preencher com a palavra apropriada:

1. Um .... é o período de dez anos.
2. Um .... é o espaço de mil anos.
3. Um .... é uma composição musical para duas vozes ou dois instrumentos.
4. Uma revista .... é uma revista publicada duas vezes por mês.
5. Uma .... é o conjunto de doze unidades.
6. Um .... é o período de seis meses.
7. Um .... é o período de cem anos.
8. Um .... é cada uma das três partes iguais em que um todo é dividido.
9. Um .... é o período de cinco anos.
10. Um .... é o período de dois anos.
11. .... : competição de atletismo masculino composta por dez testes realizados por todos os atletas em dois dias.
12. Um .... é um décimo de metro.

4. Escrever em letra:

1. 375 + 546 = 921
2. 18 x 13 = 234
3. 782 – 431 = 351
4. 63 : 9 = 7

Capítulo 8 Os pronomes interrogativos (P.G. §§ 95-104)

1. Inserir o interrogativo apropriado:

1. .... significa esta palavra?
2. De .... cor é o carro?
3. .... é o seu e-mail?
4. .... pessoas são? – Cinco.
5. .... é isto em português?
6. .... custa?
7. .... são os teus planos?
8. .... horas são?
9. .... foi a viagem?
10. .... tal a cerveja?
11. .... paga de aluguer/BP aluguel?
12. .... é esse senhor?
13. .... é o significado desta palavra?
14. O senhor .... línguas fala?/BP .... línguas o senhor fala?
15. .... se diz *Handy* em português?
16. .... dia da semana é hoje?
17. .... cidades a senhora visitou em Portugal?
18. .... são esses jovens?
19. .... mora o senhor/a senhora?/BP .... o senhor/a senhora mora?
20. .... é a sua profissão?
21. Desde .... é que o senhor anda a aprender alemão?/BP Desde .... o senhor vem aprendendo alemão?
22. De .... é a senhora/BP a senhora é?
23. A .... horas se levanta?
24. .... é que/BP Como vou para o centro?

25. .... são as montanhas mais altas do mundo?

26. De .... é este livro?

2. As seguintes frases são a resposta a uma pergunta. Qual é a pergunta?

1. A minha irmã tem *15 anos*.
2. Estou à espera do/BP Estou esperando *por meu namorado*.
3. Vou ficar aqui *uma semana*.
4. Sinto-me *muito bem*.
5. Estes sapatos custam *100 euros*.
6. O Brasil foi descoberto *por Pedro Álvares Cabral*.
7. Levanto-me *às 7 horas*.
8. Somos *8*.
9. Sou *da Alemanha*.
10. O espetáculo dura *duas horas*.
11. Reconheci-a *pela voz*.
12. Vou *ao cinema*.
13. Eu nasci *no dia 6 de Setembro de 1998*.

3. Traduzir para português:

1. In welchem Stock wohnst du?
2. Wer hat gesagt: "Und sie bewegt sich doch"?
3. Was für eine Farbe hat dein Auto?
4. Wo habt ihr die Ferien verbracht?
5. Den Wievielten haben wir heute?
6. Wann hast du Geburtstag?
7. Woran denkst du?
8. Wie heißen Sie?
9. Was sind Sie von Beruf?

10. Wie viel wiegst du?
11. Warum bist du gestern nicht in den Unterricht gekommen?
12. Wem gehören diese Schuhe?
13. Wohin fährt dieser Zug?
14. Wie viel Miete zahlt ihr?
15. Zu wievielt sind Sie?
16. Aus welcher Epoche stammt dieses Gemälde?
17. Worauf warten Sie?
18. Worum handelt es sich?
19. Um wie viel Uhr esst ihr zu Abend?
20. Welches Sternzeichen bist du?
21. Bis um wie viel Uhr musst du heute arbeiten?
22. Was willst du einmal werden?
23. Wessen Schuld ist es?
24. Warum hast du gekündigt?
25. Wovon hängt das ab?
26. Inwiefern haben sich die Arbeitsbedingungen verschlechtert?
27. Wann muss ich das Zimmer räumen?
28. Wie geht es Ihnen?
29. Wie viele Buchstaben hat das portugiesische Alphabet?
30. Wie heißt der Plural von *lição*?
31. Aus welcher Sprache kommt dieses Wort?
32. Woran arbeitest du gerade?
33. Wen hast du gerade gegrüßt?
34. Womit kann ich Ihnen dienen?
35. Wie lautete Ihre Frage?
36. Worauf ist dieser Unfall zurückzuführen?
37. Den wievielten haben wir heute?
38. Worin besteht der Unterschied?
39. Welche Nationalität hast du?

40. Wozu soll man Latein lernen?
41. Wie schmeckt dir der Wein?
42. Wie hältst du dich fit?
43. Wie kommt es, dass Sie so gut Italienisch sprechen?
44. Wie kommst du nach Hause?
45. Woher wissen Sie das?
46. Um wie viel Uhr kann man frühstücken?
47. Inwiefern hat sich die Lage verändert?
48. Warum lernen Sie Deutsch? – Weil ich es für meinen Beruf brauche.
49. Seit wann lernst du schon Deutsch?
50. Wie gefällt es dir in Berlin?

4. Traduzir para português:

1. Wie spät ist es?
2. Wie oft warst du schon in England?
3. Wie oft gehst du ins Fitnesscenter?
4. Wie lange ist das her?
5. Wie schnell darf man hier fahren?
6. Wie teuer ist dieser Rock?
7. Wie weit ist es von hier bis zum Bahnhof?
8. Wie hoch ist dieser Wolkenkratzer?
9. Wie lang ist der Flur?
10. Wie lange wartest du schon auf mich?
11. Wie tief ist der See?
12. Wie breit ist dieser Schrank?
13. Wie alt bist du?
14. Wie groß bist du?

Capítulo 9 Os pronomes pessoais (P.G. §§ 105-120)

1. Substituir por um pronome pessoal a parte em itálico:

1. Não quero preocupar *a*/BP preocupar *minha esposa*.
2. Quando posso vir buscar *o medicamento*?
3. O aluno fez *os exercícios*.
4. Os alunos fizeram *os exercícios*.
5. Vejo *a*/BP Vejo *minha namorada* todos os dias.
6. Os pais não queriam deixar *a filha* sair.
7. Não consegui completar *a frase*.
8. Eu disse a verdade *aos pais*.
9. Ainda devo fazer *os trabalhos*/BP *a lição de casa*.
10. Conheço *a irmã dele*.
11. Tento ensinar inglês *aos alunos*.
12. Ele fez um favor *ao cunhado*.
13. Devolveste o dinheiro *à tua cunhada*?
14. Eles ajudaram *o velho* a levantar-se.
15. Poucos sobreviveram *a catástrofe*.
16. Eu ouvi *a mulher* insultar *o homem*.
17. Quando o ladrão viu *a polícia*, ele tentou escapar.
18. Ainda pensas *no teu*/BP Você ainda pensa/está pensando *em seu ex-namorado?*
19. Desejo *aos teus pais* uma boa viagem.
20. Desejo *a seus pais* uma boa viagem. BP
21. Eu vou dar *o dinheiro à minha filha*.
22. Eu vou dar *o dinheiro para minha filha*. BP
23. É difícil traduzir *esta frase*.
24. Ele não resistiu *à tentação*.
25. Eu fiz *a minha*/BP fiz *minha professora* rir.

2. Transformar* segundo o exemplo:

Eu vou ajudar-te. – Eu ajudar-te-ei.

1. Ele vai telefonar-lhe.
2. Eles vão dar-te o dinheiro.
3. Vais fazer-me um favor?
4. Vamos convidá-lo.
5. O torneio vai iniciar-se no próximo domingo.
6. Eu vou dizê-lo.

3. Traduzir usando a mesóclise:

1. Ich würde es (= das Haus) verkaufen.
2. Wir würden es dir sagen.
3. Ich wüsste es.
4. Sie würden dir helfen.
5. Wir würden sie (= die Bücher) kaufen.

4. Traduzir para português:

1. Wann hast du ihn gesehen?
2. Ich kenne sie (= seine Schwester) nicht.
3. Ich habe ihn schon vor zwei Jahren kennengelernt.
4. Kann ich Ihnen (m.) helfen?
5. Ich will sie Klavier spielen hören.
6. Dieser Lehrer kann sich nicht durchsetzen.
7. Mich interessiert das nicht.
8. Dieses Geschenk ist für dich.
9. Ich sehe ihn jeden Tag.
10. Sie ist Hausfrau, er Bäcker..
11. Darf ich mit euch spielen?
12. Ich gehe auf den Markt, und was machst du?

13. Kennst du Luísa? – Ja, ich kenne sie.
14. Hilfst du ihr?
15. Wir haben über ihn gesprochen.
16. Ich denke immer an ihn.
17. Mit wem willst du sprechen? – Mit dir.
18. Wir haben noch nicht darüber gesprochen.
19. Ich mag sie.
20. Zwischen dir und mir hat es nie Probleme gegeben.
21. Sie wird sich nicht mehr an euch erinnern.
22. Ich habe ihm vor drei Tagen geschrieben.
23. Die Zeit arbeitet für uns.
24. Ich habe eine Frage an Sie.
25. Wir haben wegen ihm verloren.
26. Ich werde sie, nicht ihn fragen.
27. Hast du die Schlüssel? – Ja, ich habe sie.
28. Sie hat noch nicht mit mir gesprochen.
29. Das ist für Sie.
30. Wen suchst du? – Dich.
31. Sie haben noch nicht mit uns gesprochen.
32. Ich fühle mich bei ihm sicher.
33. Uns haben sie nicht eingeladen.
34. Dieser Mann belästigt mich.
35. Er hat es mir nicht gesagt.
36. Manuel hält sich für intelligent, aber er ist es nicht.
37. Wann hast du ihr das Geld gegeben? – Ich habe es ihr vor einer Woche gegeben.
38. Ich will nicht mit ihm ausgehen.
39. Ein Glück, dass du mir das gesagt hast.
40. Ich Ärmste!

5. Traduzir* para português 'es':

1. Es ist fünf (Uhr).
2. Es eilt nicht.
3. Es zieht.
4. Es ist heiß.
5. Es geht niemand dran. (Telefon)
6. Es tut mir leid.
7. Es ist grün. (Ampel)
8. Es ist Rot. (Ampel)
9. Es fragt sich, ob ...
10. Es ist schwül.
11. Es klingelt an der Tür.
12. Es wird Frühling.
13. Mir ist (es) langweilig.
14. Es gibt von 7 bis 10 Uhr Frühstück.
15. In diesem Haus spukt es.
16. Wer ist die Mutter dieses Mädchens? – Ich bin es.
17. Sie wird es weit bringen.
18. Haben Sie es passend?
19. Ich habe es geschafft!
20. Ich kann es kaum erwarten!
21. Leider habe ich es nicht klein.
22. Machen Sie es sich bequem.
23. Ich habe es versucht, aber es gelang mir nicht.
24. Man kann es nicht allen recht machen.
25. Ich habe es satt.
26. Er versteht es mit Kindern.
27. Es juckt mich am ganzen Körper.
28. Es steht dir frei, dorthin zu gehen.

Capítulo 10 Os pronomes relativos (P.G. §§ 121-129)

1. Inserir os pronomes relatives apropriados:

1. Um professor .... não gosta de crianças escolheu a profissão errada.
2. Este é o número .... eu marquei.
3. É este o menino .... ajudo no trabalho/BP na lição de casa.
4. .... procura sempre encontra.
5. .... você precisa é de uma mudança de ar.
6. Ele disse-me/BP me disse tudo .... sabia.
7. É uma doença .... causa ainda não é conhecida.
8. A menina .... pais perderam a vida num acidente agora vive com uma tia.
9. O futebol é um desporto/BP esporte .... eu não estou interessado/a.
10. Esta é uma nova invenção .... todos nós beneficiamos.
11. Isso é algo .... eu nunca tinha ouvido falar.
12. A casa .... moramos foi construida em 1923.
13. Olha/BP Olhe .... aqui vem!
14. O hotel, perto .... nós vivemos, tem uma boa reputação.
15. Ele não tem a mínima ideia .... na realidade se trata.
16. Essas são coisas sobre .... é melhor não falar.
17. A minha/BP Minha filha pensa em passar a férias na Itália com o namorado, ... não estou de acordo.
18. .... é feio pode ser interessante.
19. O meu/BP Meu chefe tem a segunda chave sem .... não se pode abrir a caixa-forte.
20. Tenho muitos livros antigos, alguns .... são muito preciosos.
21. Este é um funcionário sem .... a empresa não seria .... é hoje.

2. Traduzir para português:

1. Ich mag Leute, die Humor haben.
2. Frau Pereira ist eine gute Lehrerin, der ich viel verdanke.
3. Eros Ramazzotti, dessen Lieder sehr bekannt sind, wurde 1963 in Rom geboren.
4. Mein Mann will mit dem Rauchen aufhören, was nicht leicht ist.
5. Die Frau, deren Hund ich ausführe, ist sehr großzügig.
6. Das ist eine Gefahr, der ich mich nicht aussetzen will.
7. Das ist nicht das, was ich bestellt habe.
8. Wer zuletzt lacht, lacht am besten.
9. Wir wollen keine Gesellschaft, in der der Staat alles regelt.
10. Das ist ein Problem, mit dem ich mich schon lange beschäftige.
11. Die Familie, bei der ich wohnte, war sehr freundlich.
12. Das ist ein Gericht, das mein Mann mag/meinem Mann schmeckt.
13. In dem Jahr, in dem ich geboren wurde, starb mein Großvater.
14. Das ist eine Reise, an die wir uns gerne erinnern.
15. Morgen habe ich ein Vorstellungsgespräch, von dem sehr viel abhängt.
16. Das Turnier, an dem wir teilgenommen haben, war sehr gut organisiert.
17. Das ist ein Punkt, zu dem ich mich nicht äußern möchte.
18. Der Mann, neben dem ich während der Vorstellung saß, schnarchte.
19. Man muss mit dem zufrieden sein, was man hat.
20. Das war eine Versuchung, der er nicht widerstehen konnte.
21. Das ist der Herr, ohne dessen Hilfe ich meine Stelle nicht bekommen hätte.
22. Alle, die kamen, brachten ein Geschenk mit.
23. Das ist ein Buch, von dem ich hoffe, dass es meinem Bruder gefällt.
24. Das Erste, was ich nach dem Aufstehen mache, ist duschen.

25. Das Mädchen, in das ich mich verliebt habe, ist Italienerin.
26. Die erste Frau, mit der er verheiratet war, ist vor zehn Jahren gestorben.
27. Endlich habe ich eine Putzfrau gefunden, auf die ich mich verlassen kann.
28. Das ist ein Ersatzteil, ohne das die Maschine nicht funktioniert.
29. Die Firma, in der unser Sohn arbeitet, hat 200 Arbeiter entlassen.
30. Das sind Dinge, für die wir verantwortlich sind.
31. Es war der Tag, an dem wir uns kennenlernten.
32. Das ist ein Roman, an dem ich seit fünf Jahren arbeite.
33. Das ist ein Problem, das eine sofortige Lösung verlangt.
34. Das ist ein Vorschlag, mit dem ich völlig einverstanden bin.
35. Es war die Stimme, an der ich ihn erkannte.

3. Ligar as frases seguintes com um pronome relativo:

1. O Pedro/BP (O) Pedro trabalha como enfermeiro. Ele salvou a/BP minha vida.
2. O Roberto/BP (O) Roberto é um amigo. Eu posso confiar nele.
3. O meu/BP Meu amigo tem admiração pela sra. Rossi. Isso me surpreende.
4. A empresa está insolvente. O meu/BP Meu pai está na empresa desde 1990.
5. O carro estava na berma da estrada. As rodas do carro estavam desmontadas.
6. O menino foi ferido no acidente de trânsito. Ele ainda está no hospital.
7. Nós ficamos em um hotel. O pessoal do hotel era muito agradável.
8. Eu tenho um amigo. O pai do meu amigo está com a polícia.
9. A menina passou de ano. Eu dei aulas particulares à menina.

Capítulo 11 O adjetivo (P.G. §§ 130-150)

1. Completar as frases seguintes com a forma apropriada dos adjetivos colocados entre parênteses:

1. Os novos vizinhos são muito .... (simpático).
2. A Maria/BP (A) Maria é uma moça .... (feliz).
3. É uma .... (bom) ideia.
4. Os exames foram .... (difícil)
5. Houve muitos distúrbios .... (estudantil) naquela época.
6. Ainda temos dois quartos .... (individual).
7. A Luísa/BP (A) Luísa é uma estudante .... (espanhol)
8. Nós somos .... (bom) amigos.
9. É uma .... (mau) solução.
10. O Anton e o Paul/BP (O) Anton e (o) Paul são alunos .... (alemão).
11. Eu gosto de usar roupas .... (azul).
12. A namorada do Rui tem olhos .... (azul-celeste).
13. Estas são camas muito .... (confortável).
14. A vida está .... (caro)
15. As camisas e os sapatos eram .... (caro)
16. Temos muitos clientes .... (fiel).
17. Gosto das calças .... (verde-oliva).
18. Passámos umas férias muito .... (agradável).
19. .... (Muito) moças e moços participam na/BP da excursão.
20. Dez por cento da população .... (trabalhador) está desempregada.
21. Tenho muitos amigos .... (francês).
22. Era apenas uma esperança .... (vão).
23. Conheço uma menina .... (surdo-mudo)
24. Há .... (muito) pessoas .... (cruel).
25. Quais são as línguas .... (indo-europeu)?

2. Traduzir para português:

1. Er ist ein guter Lehrer.
2. Sie ist eine sehr gute Lehrerin.
3. Die Entscheidung war einstimmig.
4. Es ist ein belgisches Produkt.
5. Toms Vater bekleidet eine verantwortungsvolle Position.
6. Meine Schwester ist krank.
7. Seine Eltern sind sehr streng.
8. Der Fahrer war betrunken.
9. Manuel ist ein schüchterner Junge.
10. Die Bäume sind noch klein.
11. Die Kellnerin war sehr nett.

3. Traduzir para português:

1. In unserer Schule sind mehr Mädchen als Jungen.
2. Maria ist hübscher als ihre Schwester.
3. Mein Bruder ist ehrgeiziger als ich.
4. Die Dinge sind komplizierter, als man denkt.
5. Ich will nicht länger warten als nötig.
6. Vorbeugen ist besser als heilen.
7. Dieser Koffer ist leichter als der dort.
8. Es ist leichter Geld auszugeben als zu verdienen.
9. Es war schwerer, als sie dachten.
10. Dieses Paket ist schwerer als dieser Koffer.
11. Die Prüfungen waren schwieriger, als wir erwartet hatten.
12. Sie verdient weniger als tausend Euro.
13. Wir wollen mehr Qualität als Quantität.
14. Die Situation ist schlechter, als wir erwartet hatten.

15. Amália ist jünger als Eleni.
16. Meine ältere Schwester heißt Mara.
17. Mein Auto verbraucht weniger Benzin als das meines Bruders.
18. Das ist besser als nichts.
19. Ich ziehe lieber ein einfacheres Kleid an.
20. Jungen verbringen mehr Stunden vor dem Computer als Mädchen.
21. Je älter man ist, umso geringer ist die Chance, eine Arbeit zu finden.
22. Haben Sie das Kleid eine Nummer kleiner?
23. Das ist ein Fall von höherer Gewalt.
24. Mein Mann kauft mehr Bücher, als er lesen kann.
25. Wir wollen nicht päpstlicher als der Papst sein!
26. Heute ist das Wetter besser als gestern.
27. Meine Frau ist acht Jahre jünger als ich.
28. Lieber heute als morgen.
29. Ich habe nie einen egoistischeren Menschen kennen gelernt als ihn.
30. Das ist eine Angelegenheit von geringerer Bedeutung.
31. Wir halten uns mehr drinnen als draußen auf.
32. Besser ein Spatz in der Hand als eine Taube auf dem Dach.
33. Vier Augen sehen mehr als zwei.
34. Meine Frau hat eine Tochter aus einer früheren Ehe.
35. In diesem Fall wäre die Wahrscheinlichkeit geringer.
36. Es ist viel schwieriger, als es aussieht.
37. Ich habe Wichtigeres zu tun.
38. Wir müssen eine bessere Lösung finden.

4. Traduzir* para português:

1. Es gab keine größeren Probleme.
2. die neueren Sprachen
3. meine bessere Hälfte
4. im engeren Sinn
5. die besseren Kreise
6. ältere Menschen

5. Traduzir para português:

1. Wer ist der reichste Mann der Welt?
2. Das war die schlechteste Pizza, die ich je gegessen habe.
3. Alkoholismus ist die dritthäufigste Todesursache.
4. Das ist die beste Lösung.
5. Das ist die faszinierendste Frau, die ich je kennen gelernt habe.
6. Seine Noten waren sehr schlecht.
7. Der Verkäufer ist nicht der freundlichste.
8. Die dritte Mathematikaufgabe war die schwierigste.
9. Welches ist die meistindustrialisierte Region Deutschlands?
10. Sandra ist das hübscheste Mädchen in unserer Klasse.
11. Prostitution ist das älteste Gewerbe der Welt.
12. Das ist die dümmste Antwort, die er dir geben konnte.
13. Man muss mit größter Vorsicht vorgehen.
14. Er hatte nicht die geringste Chance, diese Stelle zu bekommen.
15. Das ist die schlimmste Katastrophe, die je unsere Region betroffen hat.
16. Das kommt in den besten Familien vor.
17. Ich verbringe die meiste Zeit mit Lesen.
18. Marco ist der fleißigste Schüler der Klasse.

19. Wo ist das nächste Krankenhaus?
20. Dort verbrachte ich die glücklichsten Jahre meines Lebens.
21. Er hat das Beste verloren, was er hatte.
22. Das war das langweiligste Spiel, das ich je gesehen habe.
23. Es besteht nicht der geringste Zweifel.
24. Das war eine der besten Entscheidungen meines Lebens.
25. Das ist die einfachste Übung.
26. Das Beste ist es, diesen Plan aufzugeben.
27. Das Schlimmste kommt noch.
28. Das ist die geringste meiner Sorgen.
29. Ich tat mein Möglichstes, ihr zu helfen.
30. Es ist eine Erfindung von größter Bedeutung.
31. Sind die nächsten Verwandten benachrichtigt worden?
32. Afrika ist der zweitgrößte Kontinent.
33. Das ist die neueste Mode.
34. Straßenbahnen sind die umweltfreundlichsten Verkehrsmittel.
35. Heinrich VIII. ist einer der berühmtesten aller englischen Könige, besonders weil er sechs Frauen hatte.
36. Hast du Helen in letzter Zeit gesehen?
37. Ihr Mann ist im besten Alter.

6. Traduzir para português:

1. Maria ist so intelligent wie ihr Bruder.
2. Es ist nicht so leicht, wie es aussieht.
3. Ich verdiene nicht so viel wie meine Schwester.
4. Ich habe nicht so viel Geduld wie meine Frau.
5. Wir arbeiten genauso wie ihr.
6. Du kannst so viele Fragen stellen wie du willst.

7. Traduzir para português:

1. Je mehr du hast, desto mehr willst du haben.
2. Je mehr du verdienst, desto mehr gibst du aus.
3. Je aggressiver du bist, desto weniger erreichst du.
4. Je höher das Bruttosozialprodukt ist, desto reicher ist ein Land.
5. Je mehr ich darüber nachdenke, desto weniger bin ich überzeugt.
6. Je mehr Medikamente du nimmt, umso schlechter ist es.

8. Substituir o superlativo absoluto composto em itálico pela forma correspondente do superlativo absoluto simples:

1. uma mulher *muito linda*
2. um tio *muito rico*
3. um problema *sumamente difícil*
4. um clima *muito salubre*
5. um assunto *muito pessoal*
6. um regime *extremamente cruel*
7. um povo *muito pobre*
8. famílias *muito nobres*
9. um trabalho *muito mau*
10. um mosteiro *muito antigo*
11. uma medida *altamente eficaz*

9. Traduzir usando o superlativo absoluto simples:

1. Es war eine sehr schlechte Idee.
2. Es ist ein sehr seltenes Wort.
3. Sie ist ein äußerst sympathischer Mensch.
4. Es ist ein äußerst sensibles Kind.
5. Ich habe einen sehr fähigen Arzt.
6. Es war ein äußerst angenehmer Aufenthalt.

10. Substituir* as expressões em itálico pelos adjetivos equivalentes:

1. a energia *do sol*
2. o tribunal *da Igreja*
3. a poluição *do ambiente*
4. o trabalho *de todos os dias*
5. uma organização *do Estado*
6. o palácio *do bispo*
7. a vida *dos monges*
8. a superfície *da terra* .
9. as instalações *do porto*
10. a mudança/BP as alterações *do clima*
11. uma comoção *do cérebro*
12. a impressão *do dedo*
13. as necessidades *do corpo*
14. uma doença *do coração*
15. a cirrose *do hígado*
16. o trabalho *da casa*
17. a indústria *de automóveis*
18. a poluição *da atmosfera*
19. uma vontade *de ferro*

11. Completar* as desinências dos adjetivos:

1. A Maria/BP (A) Maria é muito fotogé..........
2. Este castelo é realmente impo..........
3. Isso poderia ter consequências catastró..........
4. *Cochichar* é uma palavra onomatop..........
5. Conheço um bom restaurante vegeta...........
6. O russo é uma língua eslav..........
7. É uma atividade muito estress..........

8. A meus olhos, essa publicidade é contraprodu.........
9. Este armário é carvalho maci.........
10. É um partido conserva.........
11. Infelizmente, faltam-nos/BP nos faltam os meios finan.........
12. A irmã de Roberto é uma mulher atra.........
13. Este partido tem uma política progressi.........
14. Esse é um comportamento sádi..........
15. Foi um ato crimin.........
16. Os pais dele têm um apartamento luxu.........
17. Gostei da vida estudant.........

12. Traduzir* para português:

1. Es ist ein uninteressantes Angebot.
2. Das ist ein goldener Ring.
3. Das ist ein riskantes Unternehmen.
4. Ich musste den Termin aus gesundheitlichen Gründen absagen.
5. Gibt es hier in der Nähe eine chemische Reinigung?
6. Marco ist ein naiver Junge.
7. Es handelt sich um eine heikle Mission.
8. Er ist ein braver Junge.
9. Er hatte ein blaues Auge.
10. Der Text ist voller orthografischer Fehler.
11. Es ist eine optische Täuschung.
12. Das ist eine prinzipielle Frage.
13. Leider habe ich nicht die theoretischen Kenntnisse.
14. Der Interviewer stellte eine peinliche Frage.
15. Dort gibt es paradiesische Strände.
16. Es war eine noble Geste.
17. Er ist ein talentierter Boxer.
18. Mein Neffe ist ein vielversprechender Junge.

19. Können Sie mir einen guten praktischen Arzt empfehlen?
20. Das Verhalten des Richters war parteiisch.

13. Traduzir para português:

1. eine gute/schlechte Note
2. eine hohe Arbeitslosenrate
3. ein kleines bequemes Sofa
4. ein langer dunkelgrüner Rock
5. ein ehemaliges Franziskanerkloster
6. bedeutende soziale Veränderungen
7. große finanzielle Verluste
8. ein eleganter schwarzer Hut
9. eine herrliche mittelalterliche Villa
10. die zahlreichen örtlichen Firme
11. die starken Regenfälle der letzten Tage
12. ein malerisches Fischerdorf
13. eine enge Straße
14. eine enge Freundschaft
15. die harten/weichen Droge
16. eine äußerst schwierige Lage
17. ein geringeres Hindernis
18. ein trauriges Kind
19. ein alter Freund
20. eine einzigartige Gelegenheit
21. die letzte Rettung
22. die harten Lebensbedingungen
23. sichere Meldungen

14. Como se diz?

A	B
1. leve	a. como uma porta
2. branco	b. de rico
3. negro	c. como o aço
4. surdo	d. como a cal da parede
5. novo	e. como um pero
6. fiel	f. como breu
7. cheio	g. como um cão
8. podre	h. em pelo
9. duro	i. como uma pena
10. são	j. que nem um tomate
11. escuro	k. em folha
12. bêbedo	l. como um cacho
13. nu	m. que nem um ovo
14. vermelho	n. como a noite
15. morto	o. como uma formiga
16. pobre	p. de cansaço
17. diligente	q. como mel
18. claro	r. como um touro
19. forte	s. como água
20. doce	t. como um rato de igreja
21. paciente	u. como um burro/BP jegue
22. esperto	v. como um pavão
23. manso	w. como uma raposa
24. vaidoso	x. como Jó
25. teimoso	y. como um cordeiro

Capítulo 12 As formas do verbo (P.G. §§ 151-168)

1. Substituir o infinitivo pelas formas convenientes do presente:

1. Eu .... (ver) mal mas .... (ouvir) bem.
2. Hoje não me .... (sentir) bem.
3. Eles .... (ir) ao cinema.
4. Eu .... (dormir) sempre bem.
5. ....-me (doer) um braço.
6. Em que .... (poder) ajudá-lo?
7. Eu .... (ler) o jornal todos os dias.
8. Por que é que eles se .... (odiar)?
9. A minha mulher/BP Minha esposa .... (passear) o cão/BP o cachorro.
10. Eu não .... (conseguir) dormir com este barulho.
11. De onde .... (vir) vocês?/BP vocês .... (vir)?
12. Os preços .... (subir).
13. Os filhos .... (estar) em casa.
14. A filha .... (pôr) sempre a mesa.

2. Pôr as seguintes frases no plural:

1. Estou muito cansado.
2. Não o digo.
3. Tens tempo?
4. Fez boa viagem?
5. Sou alemão.
6. Durmo sempre bem.
7. Hoje não posso trabalhar.
8. Ouço muita música.
9. Já viu esse filme.
10. O contrato já estava assinado.

3. Pôr as seguintes frases no singular:

1. Vamos a pé.
2. Não sabemos falar alemão.
3. Pedimos desculpa.
4. Eles vieram de comboio/BP trem.
5. Dormimos sempre bem.
6. Seguimos a partida pela televisão.
7. Fazemos muita ginástica.
8. Trazemos um presente.
9. Sentimos passos nas escadas.
10. Fomos importunadas por um gajo bêbedo/BP cara bêbado.

4. Pôr as seguintes frases no futuro:

1. São dez horas.
2. Chegamos por volta das 15h.
3. Ela tem razão.
4. Eles não vêm.
5. Sigo o concerto pela televisão.
6. Dizem que não.
7. Estás em casa?
8. Eu trago as bebidas.
9. Os lucros sobem.
10. Ele sabe o motivo.

5. Pôr as seguintes frases no condicional:

1. Não faço isso.
2. É possível.
3. Ele não vem.
4. Os preços sobem.
5. Estamos contentes.
6. Eu não saio com esse gajo/BP cara.

6. Pôr as seguintes frases no imperfeito:

1. Os filhos estão a brincar/BP estão brincando.
2. Ela tem tempo.
3. O tio traz sempre um presente.
4. Não há lá ninguém.
5. Ele vem todos os dias.
6. Não o vemos todos os dias.
7. Dói-lhe o joelho.
8. O meu/BP Meu pai é professor.
9. O meu/BP Meu irmão vai ao cinema pelo menos uma vez por semana.
10. Vimos aqui de vez em quando.
11. Posso falar um momento contigo?
12. A filha põe sempre a mesa.
13. Os alunos cometem sempre os mesmos erros.
14. Eu não sei nadar.

7. Pôr as seguintes frases no pretérito perfeito simples:

1. Tenho medo.
2. Eu não consigo dormir com este barulho.
3. Pago o carro.
4. Ele não diz nada.
5. Ela é muito simpática comigo.
6. As crianças fazem muito barulho.
7. Damos um passeio.
8. Ele coloca/põe a chave em cima da/na mesa.
9. Eu entendo o que ele quer dizer.
10. Os clientes põem-se na bicha/BP fazem fila.
11. Ele traz um ramo de flores/BP buquê de flores.

8. Traduzir para português:

1. Wo wohnt ihr?
2. Wann bist du geboren?
3. Die Diebe entkamen.
4. Bist du mit dem Zug gekommen?
5. Der Kellner brachte uns die Speisekarte.
6. Wo hast du die Quittung hingelegt?
7. Gestern habe ich mit ihm gesprochen.
8. Warst du schon einmal in Griechenland?
9. Er konnte nicht kommen.
10. Es tut mir hier weh.
11. Warum sind sie nicht auf die Party gekommen?
12. Er kam aus gesundheitlichen Gründen nicht.
13. Ich mache jeden Tag einen Spaziergang.
14. Gestern hat es geregnet.
15. Ich habe Kopfschmerzen.
16. Hast du die Annonce gelesen?
17. Seid ihr ins Kino gegangen?
18. Die Temperaturen steigen.
19. Plötzlich wollte er aussteigen.
20. Ich bekam Angst.
21. Er lernte sie vor zwei Jahren kennen.
22. Ich erfuhr gestern, dass sie krank war.
23. Jetzt prudziert die Schneiderei Atemmasken.
24. Die Medizin macht große Fortschritte.
25. Ich verliere fast nie die Geduld.

Capítulo 13 O uso dos tempos do indicativo (P.G. §§ 169-178)

1. Substituir o infinitivo pelas formas convenientes do pretérito perfeito simples:

Um burro com uma carga de sal .... (escorregar) e .... (cair) na água ao atravessar um rio. O sal.............. (derreter-se) e, quando o burro .... (conseguir) levantar-se e se .... (sentir) mais leve, ... (ficar) muito feliz com o que .... (acontecer). Depois de algum tempo, o burro .... (chegar) novamente à margem de um rio, mas desta vez com uma carga de esponjas. Ele .... (pensar) em repetir o jogo e .... (cair) de propósito. As esponjas .... (ficar) encharcadas de água e .... (ficar) muito pesadas: o burro não se.............. (poder) mais levantar e .... (morrer) afogado.

2. Substituir o infinitivo pelas formas convenientes do pretérito perfeito simples, do imperfeito ou do presente do indicativo:

A raposa no poço

Num poço, ... (haver) dois baldes, presos a uma corda que .... (passar) por uma roldana na boca do poço: quando um balde .... (subir), o outro .... (descer).

Um dia, a raposa .... (entrar) em um dos baldes e .... (cair) no fundo do poço. De todas as vezes que ela .... (tentar) sair, ela .... (molhar-se) toda e .... (fazer) um grande barulho. O lobo .... (ouvir) isto e .... (correr) para ver o que .... (ter) acontecido.

O que é que você .... (estar) a fazer aí, irmã raposa? - (perguntar).............. ele.

".............. (Estar) a pescar", (dizer) a raposa. - Desça e ajude-me - E

como .... (poder) descer? .... (perguntar) o lobo.
"Salte para o balde que .... (estar) lá em cima", (dizer) a raposa, "e você .... (estar fut.) aqui num minuto."
O lobo .... (ser) tão tolo que .... (obedecer), ... (entrar) no balde e, como .... (ser) mais pesado que ela, num momento ele .... (estar) no fundo do poço, enquanto a raposa .... (subir) até ao topo. Então ela .... (saltar) para fora e .... (fugir).
"Não me deixe aqui em baixo", ... (exclamar) o lobo. Mas a raposa apenas .... (responder): - É o que .... (acontecer) no mundo: quando uns .... (subir), os outros.............. (descer).

3. Substituir o infinitivo pelas formas convenientes do pretérito perfeito simples, do imperfeito ou do presente do indicativo:

Leonardo e a cabeça de Judas

Leonardo da Vinci .... (dever) pintar a Última Ceia no refeitório do convento de Santa Maria delle Grazie, em Milão; e ele .... (andar) a trabalhar nisso há muito tempo. Mas, como ele .... (costumar) meditar diante dessa pintura, sem trabalhar de outra maneira, o prior do convento, acreditando que os artistas .... (dever, cond.) trabalhar sempre, como os trabalhadores levados para cultivar o jardim, ... (ir) reclamar ao duque Lodovico il Moro, que .... (chamar) Leonardo e .... (contar) o que o prior .... (ter) dito. Leonardo então .... (explicar-lhe) que o artista .... (trabalhar) mesmo quando .... (parecer) que não .... (fazer) nada; e, na ocasião, ele .... (dizer) que .... (estar) quase a terminar a pintura, mas ainda .... (ter) duas cabeças que lhe .... (criar) dificuldades. Uma ....

(ser) a de Cristo, que .... (dever) expressar uma beleza celestial, que não .... (existir) na terra; a outra, a de Judas, que .... (dever, cond.) expressar baixeza moral, ingratidão, maldade humana. Mas agora ele .... (ter) resolvido um dos problemas que o .... (preocupar), porque para Judas ele .... (tomar, cond.) a cabeça do prior. O duque .... (rir) muito dessa resposta.

4. Substituir o infinitivo pelas formas convenientes do pretérito perfeito simples, do imperfeito ou do presente do indicativo:

Um avião .... (estar) a voar de Paris para Nova York. Tudo .... (parecer) normal e calmo enquanto o avião .... (voar) sobre o mar. Os passageiros .... (ler), ... (dormir) ou .... (conversar) com os vizinhos do banco. De repente, uma luz vermelha .... (acender-se) por cima da cabine do piloto. A hospedeira de bordo.............. (ir) rapidamente para a cabine. Pouco tempo depois, a hospedeira.............. (sair) e, dirigindo-se aos passageiros no avião, ... (perguntar) -lhes:

- .... (Existir) alguém aqui que .... (acreditar) na vida futura?

- Um jovem magro, de óculos, ... (responder) imediatamente:

- Sim eu .... (crer).

Ótimo! - .... (responder) a hospedeira -. O avião .... (estar) danificado, os motores .... (parar), ... (ir) bater e .... (estar) a faltar um paraquedas.

5. Substituir o infinitivo pelas formas convenientes do pretérito perfeito simples ou do imperfeito do indicativo:

Certa noite, um jovem funcionário .... (cometer) um assalto sem perceber. Durante a recente greve dos transportes públicos, ele .... (ir) a voltar para casa do trabalho pelo parque. Já ....

(ser) tarde e ele .... (ir) sozinho. No meio do caminho, ele .... (ver) alguém vindo na sua direção; .... (ter) um momento de medo; ele.............. (afastar-se) e o estranho .... (fazer) o mesmo. Mas como os dois .... se (ter) mudado para o mesmo lado, eles .... (colidir). Pouco tempo depois, o funcionário .... (perceber) que não .... (ser) acaso e .... (pôr) a mão à carteira. .... (Ir-se) embora! Com uma explosão de raiva, ele .... (perseguir) o carteirista, ... (agarrar)-o, ... (apertar)-lhe os colarinhos, reivindicando a carteira. O homem .... (dar)-lha.

Quando o jovem .... (chegar) a casa, a primeira coisa que .... (ver) .... (ser) a sua carteira deixada em cima da cama! De manhã, o jovem .... (deixar) a carteira em cima da cama, ... (esquecer-se) e depois .... (cometer) um assalto.

6. Substituir o infinitivo pelas formas convenientes do pretérito perfeito simples, do imperfeito ou do presente do indicativo:

O calor do coração

Os dois jovens avestruzes .... (estar) desesperados. Todas as vezes que eles .... (chocar) os ovos, o peso de seus corpos .... (quebrar)-os.

Um dia eles .... (decidir) procurar o conselho dos seus pais que .... (morar) do outro lado do deserto. Eles .... (correr) por muitos dias e noites e finalmente .... (chegar) ao ninho da velha mãe.

- Mãe - .... (dizer) eles - .... (vir) perguntar como .... (poder) chocar os ovos. Todas as vezes que .... (tentar), eles .... (quebrar)-se. -

A mãe .... (ouvir) -os, então .... (responder):

- .... (ser) preciso outro calor. -

Qual ? .... (perguntar) os avestruzes.

- O calor do coração. Vocês .... (dever) olhar os vossos ovos com amor, pensando na criatura que .... (dormir) dentro deles; o olhar e a paciência a .... (despertar, fut.).

Os avestruzes .... (ir)-se embora e, quando a fêmea .... (pôr) outro ovo, eles .... (olhar)-no com amor, sem nunca o perder de vista.

Muitos dias se .... (passar); no momento quando........... (estar) exaustos, o ovo .... (começar) a ranger, rachar, quebrar e uma pequena cabeça de avestruz .... (aparecer) da casca. (L. da Vinci)

7. Substituir o infinitivo pelas formas convenientes do pretérito perfeito simples ou do imperfeito do indicativo:

Eu .... (ir) a conduzir para o meu escritório ao volante do meu carro e ....(estar)-me a aproximar de um cruzamento perigoso com a máxima cautela, quando outro carro .... (aparecer) de repente e .... (amassar) o meu pára-choques traseiro com um barulho terrível. Furioso, ... (sair) e .... (ir) até ao carro preto novinho em folha que acabara de esbarrar em mim. A jovem encantadora que o .... (conduzir) .... (estar) em lágrimas. Ela me .... (explicar) que o marido .... (ter) comprado o carro no dia anterior.

- Eu nunca ousarei aparecer diante dele novamente! .... (dizer)-me ela, chorando.

- Levemente suavizado, ... (explicar)-lhe que .... (ter) que trocar os nossos números de CC (cartão de cidadão) e os nomes das nossas companhias de seguros. Ela então .... (tirar) uma bolsa de documentos do porta-luvas. Em cima .... (estar) escrito: "No caso de um acidente, querida, lembra-te de que eu te amo, não o carro".

8. Traduzir para portugues:

1. Wir spielten gerade Karten, als das Telefon läutete.
2. Als Roberto eintrat, verstummten alle.
3. Als ich mich näherte, sah ich, dass er betrunken war.
4. Als ich 16 Jahre alt war, zog ich aus, weil ich mit meinen Brüdern Probleme hatte.
5. Als ich bremsen wollte, war es zu spät.
6. Während ich meine Hausaufgaben machte, bügelte meine Mutter und mein Vater las in einem Buch.
7. Ich löste gerade eine Mathematikaufgabe, als mein Handy klingelte.
8. Das Taxi hielt an, der Mann zahlte und stieg aus
9. Bei dieser Nachricht wurde Mario rot, sprang auf und rannte aus dem Haus.
10. Der junge Mann ging zum Auto, untersuchte das Rad, dann öffnete er den Kofferraum, holte den Wagenheber heraus, setzte ihn am Auto an und betätigte ihn.
11. Wir aßen gerade zu Abend, als wir ein Geräusch hörten.
12. Mein Vater zog eine Zigarette aus der Tasche, zündete sie an und fing an zu rauchen.
13. Als er mich sah, ging er auf die andere Straßenseite.
14. Wenn er mich sah, ging er auf die andere Straßenseite.
15. Der Regen hörte auf, aber es war sehr kalt.
16. Nachdem der Versuch gescheitert war, gaben sie den Plan auf.
17. Während das Ehepaar schlief, drang der Dieb in das Haus ein.
18. Ich habe mich verrechnet, weil ich mich nicht konzentriert habe.
19. Als ich in der Gegend wohnte, gab es fast keine Straßen.

Capítulo 14 O uso do conjuntivo/BP subjuntivo, do imperativo e do condicional (P.G. §§ 179-192)

1. Substituir o infinitivo pelas formas apropriadas do conjuntivo:

1. Permita-me que lhe .... (apresentar) a minha mulher/BP minha esposa.
2. O médico recomendou-me/BP me recomendou que não me .... (expor) demasiado tempo ao sol.
3. Telefone, mas eu duvido que o museu .... (estar) aberto.
4. Oponho-me a que o treinador .... (ser) despedido.
5. Perdoe-me que .... (vir) tão tarde.
6. Surpreende-me que os teus pais/BP seus pais não .... (saber).
7. É natural que ela na sua idade .... (ter) um namorado.
8. Até amanhã! - Até amanhã, se Deus .... (querer).
9. .... (Dormir) bem!
10. Oxalá não .... (chover) amanhã.
11. .... (Ser) bem-vindos!
12. Preocupa-me que ela não .... (atender) o telemóvel/BP celular.
13. Os pais estavam com receio que lhe .... (ter) acontecido alguma coisa de mal.
14. Não tolero que os meus alunos se .... (comportar) assim.
15. Talvez os avós te .... (poder)/BP te ajudar.
16. É uma pena que tu não .... (poder)/BP você não .... vir ao nosso casamento.
17. Espero que vocês .... (fazer) boa viagem.
18. Escreverei enquanto .... (ser/estar) vivo.
19. É lógico que o teu/BP que seu irmão não .... (querer) desistir da/BP de sua parte da herança.

20. Se .... (haver) novidade, avise-me.
21. Nunca te vou esquecer/BP te esquecer .... (acontecer) ou o que .... (acontecer).
22. O assaltante mandou que todos os empregados .... (deitar-se) no chão.
23. O chá faz com que ele agora .... (ter) um bom apetite!
24. Vou realizar este projeto .... (custar) o que .... (custar).
25. É melhor irmos para um sítio onde .... (haver) mais sossego.
26. Embora o/BP Embora meu cunhado .... (viver) em Portugal há cinco anos, ele fala mal o português.
27. É necessário que os pais .... (falar) sobre este problema.
28. Por mais que ele .... (esforçar-se), não tira boas notas.
29. Filhos, vocês não vão brincar para a rua enquanto .... (estar) sol.
30. Se as regras .... (ser) cumpridas será possível evitar o alastrar da doença.
31. Há quem .... (dizer) que sou um pouco arrogante.
32. Iremos embora depois que ela .... (ter) adormecido.
33. Qualquer proposta que os outros .... (fazer), ele é sempre contra.
34. Não havia nada que .... (apontar) para uma relação entre ela e o assassino.
35. Existe a possibilidade de que a greve .... (durar) várias semanas.
36. Eu estava à pocura de um carro que não .... (ser) muito caro.
37. A filha fechou a porta do quarto para que os pais não .... (poder) ouvir com quem ela estava a falar/BP falando.
38. É possível que ele não .... (saber) disso naquela época.

2. Traduzir para português:

1. Es ist möglich, dass er seine Meinung ändert.
2. Es ist eine Schande, dass man ihn so behandelt.
3. Es scheint mir, dass ihr zu viel arbeitet.
4. Mein Vater wünscht, dass ich Jura studiere.
5. Es ist unwahrscheinlich, dass die Gewerkschaft diese Bedingung akzeptiert.
6. Ich finde es ungerecht, dass sie meinen Kollegen entlassen haben.
7. Ich will lieber, dass du nichts sagst, als dass du uns anlügst.
8. Es ist mir sehr wichtig, dass meine Kinder eine gute Berufsausbildung erhalten.
9. Es ist schade, dass nicht alle Schüler an dem Austausch teilnehmen können.
10. Ich bin mir absolut sicher, dass die Brieftasche auf dem Tisch lag.
11. Man muss vermeiden, dass sich das Virus weiter ausbreitet.
12. Wir hoffen, dass die Schwiegereltern uns helfen.
13. Die Eltern erlauben nicht, dass ihre Tochter mit ihrem Freund in Urlaub fährt.
14. Die große Nachfrage bewirkt, dass die Preise steigen.
15. Dein Schwager wird dich bitten, ihm das Geld zu leihen.
16. Ich warne dich, es zu tun.
17. Du kannst essen, so viel du willst.
18. Ein Lehrer, der keine Kinder mag, hat den falschen Beruf gewählt.
19. Schlaf ein bisschen, wenn du müde bist.
20. Vergiss nicht, deine Mutter anzurufen.
21. Ich vermute, dass du nicht gekommen bist, um mir das zu sagen.
22. Gibt es niemanden, der sich um ihn kümmern kann?
23. Er sagte, dass er schreiben werde, solange er lebe.
24. Spricht er Spanisch? – Nicht dass ich wüsste.
25. Es besteht die Möglichkeit, dass sie es nicht wussten.

3. Indicativo ou conjuntivo?

1. Acho que a namorada dele .... (ser) muito bonita.
2. Não acho que ela .... (ser) tão bonita.
3. Não penso que o teu pai/BP que seu pai .... (ter) razão.
4. Procuro uma secretária que .... (saber) espanhol.
5. Finalmente encontrei uma secretária que .... (saber) espanhol.
6. Você conhece alguém que .... (falar) japonês?
7. Estou à procura de uma saia que .... (ficar) bem com a minha blusa.
8. Conheço poucas pessoas que .... (ser) tão inteligentes como ele.
9. Ela queria um marido que a .... (entender).
10. Não há ninguém que .... (saber) tudo.
11. É a melhor cerveja que já .... (tomar)..
12. Ele é a pessoa mais paciente que eu .... (conhecer).
13. Por favor corrija os erros de ortografia que eu .... (cometer).
14. Não encontrámos/BP encontramos uma casa que .... (corresponder) às nossas necessidades.
15. Finalmente encontrámos/BP encontramos uma casa que .... (corresponder) às nossas necessidades.
16. Não há dia nenhum em que eles não .... (discutir).
17. As informações que a senhora nos .... (dar) permanecerão confidenciais.
18. Eu acho uma pena que eles se .... (divorciar).
19. Eu não sabia que ele não .... (ter) carta de condução/BP carteira de motorista.
20. Tínhamos/Teríamos gostado que a/BP que nossa filha .... (ter) estudado Direito.
21. O juiz está convencido de que o acusado .... (matar) a mulher.
22. Não afirmo que este problema .... (ser) fácil de resolver.

4. Pôr os verbos seguintes na forma correspondente do condicional:

1.	aceito	2.	pode	3.	é	4.	temos	5.	perco
6.	comem	7.	vem	8.	faz	9.	vou	10.	digo
11.	trazem	12.	vêem	13.	há	14.	peço	15.	ouço
16.	tens	17.	leio	18.	vão	19.	sinto	20.	estou

5. Traduzir para português:

1. An deiner Stelle würde ich nein sagen.
2. Könntest du kommen?
3. Das wäre gut für Sie.
4. Wir könnten eine Haltestelle früher aussteigen.
5. Meiner Meinung nach wären sie nicht fähig, das zu machen.
6. Mein Mann wäre sehr enttäuscht.
7. Ich hätte das nicht gemacht.
8. Das wäre nutzlos.
9. Ich hätte mir ein anderes Ergebnis gewünscht.
10. Wir hätten Zeit.
11. Niemand würde es merken.
12. Diese Übersetzung wäre zu schwierig gewesen.

6. Substituir o infinitivo pela forma apropriada do verbo:

1. Se o meu/BP Se meu marido .... (fumar) menos, seria melhor.
2. Se .... (chover), adiamos a viagem.
3. Se o despertador não .... (tocar) , eu não teria acordado.
4. Se eu .... (estar) no teu/BP em seu lugar, não faria isso.
5. Se .... (fazer) bom tempo, faríamos uma excursão.
6. Se .... (fazer) bom tempo, teríamos feito uma excursão.

7. Se eu .... (saber), dir-te-ia/dizia-te/BP eu te diria.
8. Se .... (beber) menos na noite passada, não terias/BP teria dor de cabeça esta manhã.
9. Eu mentiria se .... (dizer) que não sabia.
10. Se os se .... (ser) feijões, ninguém morreria de fome.
11. Vemo-nos amanhã se não .... (surgir) um imprevisto.
12. Se você não .... (saber) a palavra, consulte um dicionário.
13. Se .... (ter) que cozinhar para todos, prefiro não sair de férias.
14. Se eu .... (ser) a ele, eu queixava-me/BP fosse ele, reclamaria.

7. Traduzir para português:

1. Wenn ich an deiner Stelle wäre, würde ich das Angebot annehmen.
2. Wenn du dich beeilt hättest, hätten wir den Zug nicht verpasst
3. Wenn er meinen Rat befolgt hätte, könnte er heute reich sein.
4. Wenn du mich brauchst, ruf mich an.
5. Wenn wir nicht über diese Dinge sprechen, werden wir nie eine Lösung für sie finden.
6. Wenn ich nicht rechtzeitig gebremst hätte, hätte ich den Radfahrer angefahren.
7. Wenn ich Englisch könnte, hätten sie mich eingestellt.
8. Wenn du den Krimi gelesen hättest, wüsstest du, wer den Richter umgebracht hat.
9. Wenn du die Mathematikaufgabe nicht lösen kannst, helfe ich dir.
10. Wenn du weniger schreien würdest, würdest du mehr erreichen.
11. Wenn du nicht so viele Bonbons gegessen hättest, hättest du kein Bauchweh.
12. Wenn er nach mir fragt, sagen Sie ihm, dass ich im Büro bin.
13. Was würdest du machen, wenn du in der Lotterie gewinnen würdest?

14. Wenn du den Brief vorgestern abgeschickt hast, müsste er heute ankommen.
15. Wenn ich das Darlehen bekommen hätte, hätte ich mich selbstständig machen können.
16. Es ist besser, wenn du nichts sagst.
17. Ich hätte mich anders verhalten, wenn sie freundlicher gewesen wären.
18. Wenn dir so etwas passieren würde, was würdest du machen?
19. Wenn du nicht kommen kannst, verschieben wir die Arbeit auf die nächste Woche.
20. Wenn du mehr gelernt hättest, hättest du die Prüfung bestanden.

8. O médico diz ao paciente:

1. .... (Abrir) a boca.
2. .... (Mostrar) a língua.
3. .... (Dizer) aaa.
4. .... (Respirar) fundo.
5. .... (Suster) a respiração.
6. .... (Tossir)
7. .... (Tirar) o casaco e a camisa.
8. .... (Descobrir) o peito e a barriga.
9. .... (Parar) de fumar.
10. .... (Tentar) perder peso.
11. .... (Comer) coisas leves.
12. .... (Consumir) muitas verduras e vitaminas de plantas.
13. .... (Tomar) dez gotas três vezes ao dia antes de comer.
14. .... (Fazer) ginástica.
15. .... (Sair) para passear
16. .... (Voltar) dentro de um mês para ver como vai.

9. A mãe diz à filha:

1. .... (Levantar-se)!
2. .... (Ser) paciente!
3. Não .... (ir)!
4. Não .... (mentir)!
5. .... (Ficar) calma!
6. .... (Ir) para a cama!
7. .... (Dizer-me) a verdade!
8. Não .... (dizer) disparates/BP bobagem!
9. .... (Pôr) a mesa, faz favor.
10. Não .... (vir) com desculpas!
11. .... (vir) cá!
12. .... (Dar) um passeio!
13. Não .... (pintar-se) demais!
14. .... (Deixar-me) em paz!
15. .... (Controlar-se)!
16. Não .... (voltar) demasiado tarde/BP tarde demais!
17. .... (vestir-se) depressa!
18. .... (dizer) adeus aos avós!
19. .... (Acender) a luz, por favor!
20. .... (Fechar) a janela, por favor!

10. O professor diz aos alunos:

1. .... (Apressar-se)!
2. Não .... (fazer) tanto barulho!
3. .... (Fazer) os deveres/BP sua lição de casa com cuidado!
4. .... (Falar) de forma clara e distinta!
5. .... (Traduzir) a primeira frase para inglês!

6. .... (Esforçar-se) mais!
7. .... (Escrever) de forma legível!
8. .... (Trabalhar) em silêncio!
9. Não .... (mexer-se) muito!
10. .... (Sentar-se) bem!
11. Não .... (estalar) os dedos!
12. Não .... (meter) o dedo no nariz!
13. .... (Acabar) com o barulho!
14. Não .... (Fechar) a porta com tanta força!

11. O guia diz aos turistas:

1. .... (Chegar-se) mais perto.
2. .... (Seguir-me), por favor.
3. .... (Ter) paciência.
4. .... (Inscrever-se) na lista.
5. Não .... (beber) água da torneira.
6. Não .... (afastar-se) do grupo.
7. .... (Colocar) as vossas malas acolá/BP as suas malas lá.
8. Não .... (esquecer-se) de visitar este museu.
9. .... (Desligar) a luz.
10. Não .... (preocupar-se).

12. Traduzir para português:

1. Leg die Ellenbogen nicht auf den Tisch!
2. Setzen Sie sich bitte hier hin!
3. Übertreib nicht!
4. Machen Sie sich keine Sorgen!
5. Mach bitte auf!
6. Lass uns in Ruhe!

7. Sagen Sie mir, was geschehen ist!
8. Komm nicht zu spät nach Haus!
9. Gib mir bitte mehr Reis!
10. Macht mich nicht nervös!
11. Sag die Wahrheit!
12. Versetzen Sie sich in meine Lage!
13. Bedien dich!
14. Zieh dich schnell an!
15. Sieh mal nach, ob die Tür zu ist!
16. Fahr nicht zu schnell!
17. Putz dir die Nase!
18. Weck die Kinder nicht auf!
19. Stell dich nicht so dumm!
20. Nimm bitte die Füße vom Stuhl!
21. Bohr nicht in der Nase!
22. Geh ins Bett!
23. Vergiss nicht, das Geschenk zu kaufen!
24. Macht die Lichter aus!
25. Probier den blauen Rock an!
26. Lach nicht über ihn!
27. Spiel nicht den Kranken!
28. Wenden Sie sich bitte an Herrn Martínez!
29. Lass dir die Haare schneiden!
30. Verlier nicht die Geduld!
31. Mach dich an die Arbeit!
32. Gehen Sie geradeaus weiter!
33. Streitet (euch) nicht!
34. Sagen Sie es niemandem!

Capítulo 15 O uso da voz passiva (P.G. §§ 193-197)

1. Formar frases na voz passiva:

1. o incêndio – um curto-circuito – provocar (fut. comp.)
2. sequestrar – dois criminosos – a mulher (pret. perf. simpl.)
3. todos os jornais – a notícia – divulgar (pret.mais-que perf. comp.)
4. os bombardeamentos – da cidade – todos os edifícios – destruir (pret. perf. simpl.)
5. um camião/caminhão – atropelar – uma mulher de 72 anos (pret. perf. simpl.)
6. muitos voos – por causa da greve – cancelar (pret. perf. simpl.)
7. melhorar – como – poder – a situação? (cond. s.)
8. limpar – a mulher de limpeza/BP faxineira – o escritório (pres.)
9. a ideia – aceitar – a maioria (pret. perf. simpl.)
10. muitos carros – ultimamente – rebocar (pret. perf. comp.)
11. a sério – ninguém – esta proposta – tomar (fut. imperf.)
12. a polícia – a vítima – libertar (pret. perf. simpl.)
13. nos últimos anos – construir – muitas – escolas (pret. perf. comp.)
14. um amigo nosso – no caminho de volta para casa – há dois dias – assaltar – três jovens (pret. perf. simpl.)
15. Amanhã – assinar – o contrato (fut. imperf.)

2. Converter as frases seguintes em frases na voz passiva:

1. Dois ladrões assaltaram uma turista estrangeira.
2. O carteiro entregou as encomendas.
3. A Igreja não aceitou a teoria copernic(i)ana.
4. O meu/BP Meu amigo salvou a menina.
5. Acenderam uma fogueira, para assar sardinhas.
6. As carraças/BP Os carrapatos podem transmitir alguns virus.
7. A patrulha costeira tinha salvado muitos náufragos.
8. Vendem este produto a um preço exorbitante.

3. Converter as frases seguintes em frases na voz a(c)tiva:

1. A Maria/BP (A) Maria é amada por todos os colegas de turma/BP classe.
2. O problema tem que ser resolvido de outra maneira.
3. Muitas tentativas foram feitas para melhorar a situação.
4. Por quem foi divulgada essa falsa notícia?
5. A jovem colega foi felicitada pelo chefe.
6. Por que razão a proposta foi rejeitada pela gerência?
7. O tratado será assinado por todos os países membros.
8. Este trabalho deve ser realizado por uma empresa especializada.
9. O coro foi recebido pelo Papa em audiência privada.
10. A torre foi atingida por um raio.

4. Traduzir para português:

1. Die Stadt wurde durch ein Erdbeben zerstört.
2. Die beiden Jungen wurden beim Diebstahl zweier Handys überrascht.
3. Ich will nicht gestört werden.
4. Der Glockenturm war von einem Blitz getroffen worden.
5. Wir wurden sehr herzlich empfangen.
6. Morgen wird der neue Bürgermeister gewählt werden.
7. Viele Unfälle könnten vermieden werden.
8. Ich bin gestochen worden.
9. In den letzten Jahren sind drei Krankenhäuser gebaut worden.
10. Die Münzen waren von einem Bauern gefunden worden.
11. Dieses Problem muss anders gelöst werden.
12. Eine Entscheidung wird erst nächsten Monat getroffen werden.
13. Meiner Meinung nach müsste mehr Geld für Bildung investiert werden.
14. Der Angeklagte war von einem Zeugen am Tatort gesehen worden.

15. Aus welchem Grund wurde das Spiel abgesagt?
16. Der Brand wurde durch einen Kurzschluss verursacht.
17. Die Frau war von einer Gruppe Terroristen entführt worden.
18. Die Verletzten werden zurzeit in verschiedenen Krankenhäusern behandelt.
19. Meiner Meinung nach hätte diese Katastrophe verhindert werden können.
20. Tageszeitungen werden nachts gedruckt.

5. Traduzir usando a voz passiva reflexiva:

1. Bestimmte Substantive werden nur im Singular gebraucht.
2. Viele Abfallstoffe können wieder verwertet werden.
3. Auf der ganzen Welt werden die Sicherheitsmaßnahmen verstärkt.
4. Die beiden Wörter werden oft verwechselt.
5. Es werden keine Ausnahmen gemacht.
6. Heutzutage werden falsche Bedürfnisse geweckt, um die Produktion zu steigern.
7. Es werden verschiedene Methoden angewandt.
8. Auf diese Weise kann man die Abwehrkräfte stärken.
9. Es werden gute englische Sprachkenntnisse verlangt.
10. Silikon wird in der plastischen Chirurgie zur Brustvergrößerung verwendet.
11. In Angola werden mehrere Sprachen gesprochen.
12. Es wurden erhöhte Werte gemessen.

6. Traduzir* para português:

1. Dem Angestellten wurde wegen Diebstahls gekündigt.
2. Bei dem Vorstellungsgespräch wurde ich gefragt, wie viele Fremdsprachen ich könne.
3. Ihr wurde von niemandem geholfen.
4. Das muss gefeiert werden!

5. Bei uns ist gestern eingebrochen worden.
6. An diesem Abend wurde viel gelacht.
7. Werden Sie schon bedient?
8. Wann wird geheiratet?
9. Es wird in vielen Städten gestreikt.
10. Ich bin angelogen worden.
11. Ihr wurden die Kinder zugesprochen.
12. Ihm wurde von allen gratuliert.
13. Vor Taschendieben wird gewarnt.
14. Ihnen wurde nie verziehen.
15. Es darf getanzt werden.
16. Das Baby wird noch gestillt.
17. Es wird von Reisen in diese Region abgeraten.

7. Traduzir para português 'man':

1. Wie sagt man auf Portugiesisch?
2. Das sagt man nicht.
3. So kann man die Probleme nicht lösen.
4. Man hat mich nicht eingeladen.
5. Man muss Geduld haben.
6. Man gewöhnt sich an alles.
7. Man braucht wenig, um glücklich zu sein.
8. Diese Dinge kann man nicht vertuschen.
9. Für dieses Kleid braucht man zwei Meter Stoff.
10. Man kann mit diesem Ergebnis nicht zufrieden sein.
11. Man hat mir alle Papiere gestohlen.
12. Man ist nur einmal jung.
13. Man gewöhnt sich an alles.

Capítulo 16 O verbo reflexivo (P.G. §§ 198-203)

1. Completar as seguintes frases com o pronome apropriado:

1. Eu chamo-.......... Franco.
2. Eles encontram-......... numa situação difícil.
3. Nunca .... esqueças/BP .... esqueça disso.
4. Ela/Ele hoje encontra-......... bem.
5. Ontem divertimo-......... .
6. Veste-........./BP Vista-......... depressa.
7. Ela não .... lembra de mim.
8. Divirtam-......... .
9. Vou encarregar-......... da tarefa.
10. Onde é que você .... criou?

2. Pôr as frases seguintes no plural:

1. Hoje encontro-me bem.
2. Você já se lavou?
3. Hoje sinto-me mal.
4. Ele não se atreve a dizer a verdade.
5. Vou-me embora.
6. Não me quero zangar contigo.
7. Agasalha-te.

3. Pôr as frases seguintes no singular:

1. Perdemo-nos com frequência.
2. Sentimo-nos confortáveis aqui.
3. Os alunos levantam-se cedo.
4. Pomo-nos a chorar.
5. Por que é que vocês se vão embora?
6. Sirvam-se.

4. Traduzir para português:

1. Habt ihr euch schon gewaschen?
2. Betrachte dich im Spiegel!
3. Ich erinnere mich nicht.
4. Warum hat er sich umgebracht?
5. Zieh dich schnell an!
6. Ich habe mich verletzt.
7. Die Schüler haben sich gut benommen.
8. Unser Sohn hat sich in die Tochter unserer Nachbarn verliebt.
9. Ich habe mich noch nicht rasiert.
10. Ich weiß nicht, an wen ich mich wenden soll.
11. Setz dich!
12. Ich beschäftige mich mit Fremdsprachen.
13. Ich kann mir einen solchen Luxus nicht leisten.
14. Ich werde mich anstrengen.
15. Wir wechseln uns beim Fahren ab.
16. Wenn ich mich nicht täusche, ist seine Frau Deutsche.
17. Sie schämt sich für ihr Verhalten.
18. Ich kann mich nicht beklagen.
19. Leg dich nicht mit ihm an!
20. Der Fahrer kann sich nicht ausweisen.
21. Zier dich nicht!

5. Traduzir para português:

1. Du wirst diesen Entschluss bereuen.
2. Ich stehe nicht gern früh auf.
3. Ich bin auf dem Land aufgewachsen.
4. Dieses Mädchen ähnelt sehr seiner Mutter.
5. Der Umsatz hat sich verdoppelt.

6. Das kann ich mir nicht vorstellen.
7. Ich will mich ein wenig ausruhen.
8. Mit welchem Alter gehen die Lehrer in Deutschland in Pension?
9. Worauf ist diese Krankheit zurückzuführen?
10. Unsere Tochter hat in Geschichte promoviert.

6. Traduzir para português:

1. Der Fluss schlängelt sich durch das Tal.
2. Die Erde dreht sich um die Sonne.
3. Die Arbeitsbedingungen haben sich verschlechtert.
4. Die Rechnung beläuft sich auf 2.500 Euro.
5. Ich möchte mich ein wenig ausruhen.
6. Ich will nicht, dass du dich in meine Angelegenheiten einmischst.
7. Wasch dir vor dem Essen die Hände!
8. Ich muss mich übergeben.
9. Wer kümmert sich um die Kinder?
10. Das Auto überschlug sich dreimal.
11. Luis hat sich noch nicht einmal bei uns bedankt.
12. Es meldet sich niemand. (Telefon)
13. Trockne dir die Hände ab!
14. Ich unterhalte mich gern mit ihm.
15. Die Lage hat sich gebessert.
16. Einige Generäle verschworen sich gegen den Diktator.
17. Ich habe mir den Fuß verstaucht.
18. Das muss ich mir zuerst noch überlegen.
19. Deine Ansichten unterscheiden sich von den meinen.
20. Das hört sich gut an.
21. Das Paar wünscht sich ein Baby.

7. Traduzir* para português:

1. Ich habe es mir anders überlegt.
2. Zuerst muss ich (mich) duschen.
3. Es lohnt sich nicht.
4. Wir haben uns im Mai verlobt.
5. Schließlich haben sie sich geeinigt.
6. Du musst dich gedulden.
7. Schnall dich an!
8. Meine Frau zieht sich gerade um.
9. Er muss sich die ganze Zeit räuspern.
10. Ich hatte mich verwählt.
11. Ich habe mir den Magen verdorben.
12. Wir müssen uns anstellen.
13. Wir haben uns für fünf Uhr verabredet.
14. Ich habe mir von meinem Bruder Geld geliehen.
15. Der Stoff fühlt sich weich an.
16. Der Schauspieler hat sich geoutet.
17. Dort liebten wir uns zum ersten Mal.
18. Unser Sohn hat sich noch nicht abgenabelt.
19. Mein Vater hört sich gern reden.

8. Traduzir para português:

1. Wir haben uns vor einem Jahr kennengelernt.
2. Sie haben sich herzlich umarmt.
3. Wir rufen uns jeden Tag an.
4. Sie küssten sich im Fahrstuhl.
5. Sie haben sich begrüßt.
6. Warum wollen sie sich trennen?
7. Wir sprechen nicht mehr miteinander.

Capítulo 17 O uso de ser e estar (P:G. §§ 204-208)

1. Ser ou estar?

1. A sua mulher .... dois anos mais velha do que ele.
2. O mar .... calmo.
3. Os filhos .... agora acordados.
4. A noite .... fria.
5. A casa .... vazia. (imperf.)
6. Os pais .... muito inquietos.
7. .... dez horas.
8. A mulher .... morta.
9. A minha irmã .... doente.
10. (Nós) .... sete.
11. Esta fruta .... rica em vitaminas.
12. Tudo .... muito calmo. (imperf.)
13. Onde .... o hospital mais próximo?
14. Eu .... capaz de me defender. (cond.)
15. Esta água não .... potável.
16. .... cinco graus.
17. .... de ficar louco. (imperf.)
18. O pai .... a dormir/BP dormindo.
19. Hoje .... segunda-feira.
20. O meu telemóvel/BP Meu celular .... sempre ligado.
21. A sessão .... à porta fechada. (pret. perf. simpl.)
22. As laranjas .... maduras.
23. Esta casa .... à venda.
24. As criancas já .... levantadas.
25. A minha mulher/BP Minha esposa .... grávida de cinco meses.
26. De que cor .... os sapatos?

27. O Miguel/BP (O) Miguel .... professor.
28. A Cristina/BP (A) Cristina .... italiana.
29. A minha/BP Minha avó ainda .... viva.
30. A luz .... acesa. imperf.
31. Hoje .... muito calor.
32. A que horas .... a reunião?
33. O comboio/BP trem .... atrasado.
34. Os meus óculos .... partidos.
35. O mar .... tão perigoso que nem se podia tomar banho. (imperf.)
36. Como .... o seu mail?
37. .... vermelho para peões/BP fechado para pedestres.
38. Quanto tempo .... permitido estacionar aqui?
39. .... quase cinco horas. (imperf.)
40. Este lugar .... reservado.
41. A senhora .... bem?
42. O pessoal .... muito educado. (pret. perf. simpl.)
43. A praia .... cheia.
44. Onde .... as casas de banho?
45. O meu/BP Meu marido .... diabético.
46. Eu .... iniciante.
47. O elevador .... avariado.
48. Minha esposa .... professora.
49. Como .... o tempo amanhã? (fut).

2. Ser ou estar?

1. A comida .... excelente. (imperf.)
2. (Eu) .... constipado/BP resfriado.
3. A linha .... ocupada.
4. Hoje .... muito calor.

5. (Eu) .... picado por uma vespa. (pret. perf. simpl.)
6. Você já .... na Alemanha? (pret. perf. simpl.)
7. Esta água não .... potável.
8. O presidente .... eleito a semana que vem. (fut.)
9. Ela .... nua quando entrei.
10. Hoje o meu/BP meu marido não .... bem humorado.
11. As camas .... por fazer.
12. O arroz .... no ponto.
13. A ligação .... má.
14. Mais de vinte por cento dos jovens .... desempregados.
15. As notas do aluno .... más.
16. A minha/BP Minha mãe .... de dieta.
17. Eu não .... dos que sempre se queixam.
18. Quando .... a prova escrita?
19. A minha/BP Minha irmã .... com febre.
20. A duração do voo .... de cinco horas.
21. .... vento.
22. As batatas .... sem sal.
23. O tabaco .... nocivo à saúde.
24. O despertador .... estragado. (imperf.)
25. O sr. .... muito amável.
26. Os meus/BP Meus pais .... prontos a ajudar-te.
27. Hoje o tempo .... bom para uma excursão.
28. Por que é que ela .... furiosa com ele?
29. Esta tradução .... má.
30. A melancia .... doce?
31. O pai deles já .... velho.
32. A televisão .... ligada.
33. O João/BP (O) João .... muito aberto.

34. (Nós) .... obrigados a pagar a diferença.
35. A mala .... demasiado pesada/BP pesada demais.
36. Ela hoje não .... nada católica.
37. O nosso/BP Nosso hotel .... muito barulhento.
38. Todas as janelas .... fechadas. (imperf.)
39. A que horas .... a missa?
40. A situação do paciente .... grave.
41. Eu .... bom em matemática.
42. Eu .... curioso para saber o que vai acontecer.
43. Já lá... ...... toda a gente?
44. Todas as minhas irmãs .... casadas.
45. Por que é que você .... tão sério?
46. A menina .... pálida de medo. (imperf.)
47. Hoje o céu .... cinzento.
48. Este material .... muito duro.
49. A situação .... séria.
50. O funcionário .... muito gentil comigo. (pret. perf. simpl.)

3. Traduzir para o português:

1. Ich bin aus Brasilien.
2. Dieses Obst ist reich an Vitaminen.
3. Mein Vater ist sehr gebildet.
4. Ich war so überrascht.
5. Unsere Ehe war glücklich.
6. Die Lage ist unter Kontrolle.
7. Sind Sie schon einmal in Spanien gewesen?
8. Heute Nachmittag war meine Tochter sehr gesprächig.
9. Ich bin für den Arbeitsmarkt zu alt.
10. Wann ist die mündliche Prüfung?

11. Unsere Mutter ist ausgeglichen.
12. Marias Freund ist schweigsam.
13. Ihr Handy ist aus.
14. Ich bin nicht von gestern.
15. Ich bin zu dick.
16. Die Tür war/stand offen.
17. Diese Geschichte ist sehr traurig.
18. Die Entscheidung war einstimmig.
19. Die Toilette ist verstopft.
20. Die Tischdecke ist schmutzig.
21. Unsere Waschmaschine ist kaputt.
22. Meine Schwester ist schwach in Physik.
23. Die Kinder sind sehr neugierig.
24. Schreien Sie nicht! Ich bin nicht taub!
25. Mein Bruder ist nie pünktlich.
26. Ich war sicher, dass alles gut laufen würde.
27. Das Brot ist hart.
28. Wir sind stolz auf unsere Tochter.
29. Millionen Menschen sind ohne Arbeit.
30. Mehrere Abgeordnete sind in diesen Skandal verwickelt.
31. Dieser Weg ist sehr schmal.
32. Sind die Pfirsiche süß?
33. Sie konnten nicht arbeiten, weil sie krank waren.
34. Ihr Pass ist nicht mehr gültig.
35. Es ist ein bisschen weit.
36. Um wie viel Uhr ist die Messe?
37. Mein Mann ist arbeitslos.
38. Fisch ist gesund.

Capítulo 18 Os particípios (P.G. §§ 209-214)

1. Completar as desinências:

1. uma mulher fascin..........
2. uma argumentação totalmente convinc..........
3. o exercício segu..........
4. uma notícia surpreend..........
5. um assunto urg..........
6. circunstâncias atenu..........
7. uma jogadora excel..........
8. a discussão subsequ..........
9. uma nota insufici..........
10. uma imaginação deslumbr..........

2. Traduzir para português:

1. ein beunruhigendes Ereignis
2. der laufende Monat
3. eine glänzende Idee
4. eine erschütternde Erfahrung
5. ein fesselnder Roman
6. eine imponierende Arbeit
7. ein praktizierender Katholik
8. die anwesenden/abwesenden Schüler
9. ein beeindruckendes Schauspiel
10. ein schockierendes Verbrechen
11. fließendes Wasser
12. tröstende Worte
13. straferschwerende Umstände
14. eine enttäuschende Aufführung
15. eine deprimierende Niederlage

16. mit wachsendem Interesse
17. ein überschäumendes Temperament
18. bei abnehmendem/zunehmendem Mond
19. der ausschlaggebende Faktor
20. mit gleich bleibender Geschwindigkeit
21. konkurrierende Unternehmen
22. die heranwachsende Jugend

3. Traduzir para português:

1. zwei sich widersprechende Aussagen
2. ein befriedigendes Ergebnis
3. ein vielversprechender Junge
4. ein vielsagender Blick
5. der amtierende Meister
6. auf Gewalt, Korruption und Egoismus basierende Verhaltensmuster
7. die aussterbenden Arten
8. die am Tisch sitzenden Kinder
9. die hungernde Bevölkerung
10. ein schlafendes Kind
11. die arbeitende Bevölkerung
12. der passende Ausdruck
13. ein aufsehenerregendes Ereignis
14. ein Epoche machendes Werk
15. die Erdöl exportierenden Länder
16. Text mit gegenüberstehender Übersetzung
17. das aufnehmende Land
18. begleitende Maßnahmen
19. ein ermutigendes Ergebnis
20. die zur Verfügung stehende Zeit

21. ein fragender Blick
22. eine anstrengende Reise
23. die Dienst habende Apotheke
24. die kriegführenden Länder
25. eine blühende Wirtschaft
26. eine gewinnbringende Tätigkeit
27. die kommende Generation
28. ein eng anliegendes Kleid
29. tief greifende soziale Veränderungen
30. bei passender Gelegenheit
31. nicht enden wollender Applaus
32. ein nicht wieder gutzumachender Fehler
33. die überwältigende Mehrheit
34. ein harntreibendes Mittel
35. eine abwertende Bemerkung
36. ein reizendes Mädchen
37. einschneidende Maßnahmen
38. der auslaufende Vertrag
39. die entscheidende Schlacht
40. unter sengender Hitze
41. ein gewinnendes Lächeln
42. mit gebührender Achtung
43. ermutigende Worte
44 der stellvertretende Geschäftsführer
45. Gähnen ist ansteckend.
46. der einleitende Text
47. ein beruhigender Vorsprung
48. der geschäftsführende Direktor
49. ein für ihn bezeichnendes Verhalten
50. eine provozierende Geste
51. der anhaltende Regen
52. die stagnierende Wirtschaft

53. eine übel riechende Flüssigkeit
54. die fortschreitende Zerstörung der Umwelt
55. die entmutigenden Ergebnisse
56. die kochende Milch
57. eine am Strand liegende Frau
58. eine bezaubernde Frau

4. Inserir os particípios apropriados:

1. a mulher .... (morrer) no acidente
2. a literatura .... (existir) sobre esse tema
3. os crimes .... (cometer) por pessoas alcoolizadas
4. os fundos .... (investir) neste projeto
5. a pena .... (prever) para o crime
6. palavras .... (pertencer) à mesma família
7. uma série de doenças .... (relacionar) com o estresse
8. os problemas .... (causar) pelos controversos resultados das eleições
9. a crise do governo .... (desencadear) por este escândalo
10. a proposta .... (fazer) pela oposição
11. uma situação .... (preocupar) para muitas famílias
12. o trem .... (proceder) de São Paulo
13. a carta .... (escrever) em espanhol
14. os livros .... (pộr) em cima da mesa
15. mães .... (preocupar) com a saúde dos filhos
16. a mala .... (abrir) pelo funcionário aduaneiro
17. o ladrão .... (ver) pela testemunha
18. os deputados .... (envolver) nessas maquinações
19. os avanços .... (fazer) no campo da medicina nas últimas décadas

5. Traduzir para português:

1. Der ins Portugiesische übersetzte Text enthält viele Fehler.
2. Der Wiederaufbau der durch den Krieg zerstörten Städte wird viele Jahre dauern.
3. Die in der Anthologie enthaltenen Texte stammen alle von zeitgenössischen Schriftstellern.
4. Die von der englischen Regierung vorgebrachten Einwände sind nicht stichhaltig/nicht überzeugend.
5. Die Liste der nicht gehaltenen Versprechen ist lang.
6. Wahrscheinlich handelt es sich um ein von Terroristen begangenes Verbrechen.
7. Die aus den Trümmern gerettete Frau befindet sich außer Lebensgefahr.
8. Wir müssen den mit Mühe erreichten Wohlstand sichern, ohne die Umwelt zu zerstören.
9. Es ist ein aus dem Zusammenhang gerissenes Zitat.
10. Die von der Firma entlassenen Arbeiter haben wenig Hoffnung, schnell einen neuen Arbeitsplatz zu finden.
11. Der bei dem Unfall verletzte Junge wurde ins Krankenhaus gebracht.
12. Die von ihrem Mann misshandelte Frau reichte die Scheidung ein.
13. Der von seinen Kameraden eingeschüchterte Schüler hatte nicht den Mut, sich seinem Lehrer anzuvertrauen.
14. Das ist die Auflistung der gestohlenen Gegenstände.
15. Ich würde nicht gerne in einem von einem Diktator regierten Land leben.
16. Die von der Regierung ergriffenen Maßnahmen zielen darauf ab, die Industrie anzukurbeln.
17. Der von der Opposition gestellte Antrag wurde abgelehnt.

Capítulo 19 O gerúndio (P.G. §§ 215-222)

1. Substituir as seguintes formas verbais por *estar + gerúndio* (BP):

1. chove	2. trabalham	3. lê	4. durmo	5. dão
6. faço	7. vão	8. ouço	9. vêm	10. põe
11. saímos	12. trago	13. riem	14. pedem	15. vejo
16. vão	17. sofro	18. vem	19. meço	20. perco

2. Substituir a oração subordinada pelo gerúndio:

1. Se você se apressar, poderá chegar a tempo.
2. Vi o meu/BP meu antigo professor de latim quando saí da loja.
3. Vi o meu/BP meu antigo professor de latim quando ele saiu da loja.
4. Como sou bilíngue, tenho muitas vantagens.
5. Se não estudares/BP você não estudar bastante, não passarás/BP passará na prova.
6. Se você olhar de perto, poderá ver a diferença.
7. Mesmo que estejamos zangados/BP brigados, ainda nos falamos.
8. Quando ouviram a notícia, voltaram imediatamente para casa.
9. Se fumasse menos, você não tossiria tanto.
10. Como um cano de água tinha rebentado, tive que ligar para o encanalizador/BP encanador com urgência.
11. Como não tinha lido o livro, não consegui responder à pergunta
12. Enquanto trabalhava no jardim, ouvi um grito assustador.

3. Substituir o gerúndio por uma oração subordinada:

1. Não conseguindo arranjar tanto dinheiro, tivemos que desistir do nosso proje(c)to.
2. Mesmo não estando preparada, passou no exame de admissão.

3. Estando distraído com o telemóvel/BP celular, o motorista perdeu o controlo/BP controle do carro.
4. Prestando mais atenção, vocês não teriam cometido erros tão banais.
5. Chegando ao escritório, notei que tinha esquecido os/BP- meus documentos.
6. Esperando na paragem de autocarro/BP no ponto de ônibus, vi dois tipos/BP caras estranhos entrando no banco.
7. Pegando um taxi, teríamos chegado a tempo.

4. Traduzir usando o gerúndio:

1. Man kann die Probleme nicht lösen, indem man sie ignoriert.
2. Die Schüler rannten aus dem Klassenzimmer.
3. Da ich zu viel aß, nahm ich drei Kilo in einer Woche zu.
4. Die Geliebte brachte sich um, indem sie sich von einem Turm hinabstürzte.
5. Dadurch dass ich sehr schnell geschrieben habe, habe ich viele Fehler gemacht.
6. Wenn wir den Sechs-Uhr-Zug nehmen, werden wir gegen zehn ankommen.
7. Wenn wir den Sechs-Uhr-Zug genommen hätten, wären wir gegen zehn angekommen.
8. Selbst wenn man die Sprache gut kann, ist es nicht immer leicht zu verstehen, was die Portugiesen sagen.
9. Der Junge ging hinaus und knallte die Tür hinter sich zu.
10. Neulich habe ich meinen Chef überrascht, wie er die Sekretärin küsste.
11. Der Angestellte machte eine Geste, als wolle er mir sagen, dass er es nicht wisse.
12. Kannst du dir Marcelo beim Tennisspielen vorstellen?
13. Sie verdient sich mit Putzen ihren Lebensunterhalt.
14. Alfons X. bereicherte den spanischen Wortschatz durch das Einführen arabischer und lateinischer Wörter.

15. Meine Frau hat unsere Tochter beim Rauchen auf der Toilette ertappt.
16. Dem Rat ihres Mannes folgend, setzte Suzana eine Annonce in die wichtigsten Zeitungen.
17. Das Auto seines Freundes stürzte eine Böschung hinunter und überschlug sich dabei mehrmals.
18. Der Fahrer konnte den Zusammenstoß durch starkes Bremsen vermeiden.
19. Wenn du dich so benimmst, wirst du nichts bekommen.
20. Als der Dieb den Hund des Wärters sah, verschwand er.
21. Die Schüler machen großen Lärm.
22. Herr Pereira sitzt im Wohnzimmer und liest ruhig die Zeitung..
23. Gestern haben wir die Nacht durchgefeiert.
24. Wir gehen zu Fuß.
25. Durch Lehren lernt man.
26. Du könntest dein Deutsch verbessern und gleichzeitig angenehme Ferien genießen.
27. Gestern habe ich den Tag mit Lesen verbracht.
28. Ich lese und höre (dabei) Musik.
29. Ich verbrachte eine halbe Stunde mit dem Ausfüllen des Formulars.
30. Durch zu vieles Biertrinken hat mein Mann einen Bauch bekommen.
31. Obwohl er wie ein Scheunendrescher isst, nimmt er nicht zu.
32. Da sich die Sache so verhält, ist es besser nicht darauf zu bestehen.
33. Während ich auf den Bus wartete, fiel mir die Lösung des Problems ein.
34. Beim Aufräumen des Speichers fand ich die Schulzeugnisse meines Vaters.
35. Ich schlafe beim Fernsehen oft ein.
36. Ich entspanne mich beim Malen.

Capítulo 20 O infinitivo (P.G. §§ 223-239)

1 Inserir a preposição adequada quando necessário for:

1. Deixei .... fumar há cinco anos.
2. Preciso .... aprender alemão.
3. Estou habituado .... levantar-me cedo.
4. São horas .... ir para casa.
5. Eu não gosto .... conduzir/BP dirigir de noite.
6. Tenho curiosidade .... saber a origem desta expressão.
7. Estou farta .... explicar sempre as mesmas coisas.
8. O senhor onde aprendeu .... falar grego?
9. Sou um pouco preguiçoso .... escrever.
10. Já não vale a pena .... mandar .... reparar o carro.
11. Não adianta .... irritar-se.
12. Decidi-me .... mudar de emprego.
13. Tive dúvidas .... aceitar o emprego.
14. Com um pouco de esforço é possível .... superar estas dificuldades.
15. Este obje(c)tivo é difícil .... atingir.
16. Será difícil .... atingir este objetivo.
17. A publicidade convence muita gente .... comprar produtos de que não precisa.
18. Custa-me .... pronunciar esta palavra.
19. Infelizmente somos obrigados .... vender a casa.
20. Não é capaz .... pronunciar corre(c)tamente estes nomes.
21. Ele não teve coragem .... me dizer que não.
22. A esta hora o eléctrico/BP bonde costuma .... estar cheio.
23. Não consigo .... dormir.
24. Ando a aprender/BP Estou aprendendo .... conduzir/BP dirigir.

25. Não há tempo .... perder.

26. É preciso .... atravessar a ponte e depois virar à direita. -

27. Prefiro .... ficar em casa.

28. Duvido .... aceitar a oferta.

29. Costumamos .... correr de manhã.

30. O meu/BP Meu marido tende .... engordar.

31. Parou .... chover.

32. Um dos suspeitos confessou .... ter participado nas/BP das agressões.

33. Estou com curiosidade .... ver a sua reação.

34. Por que não a convidas /BP você não a convida .... dançar?

35. Por que o senhor/a senhora/você não volta .... casar-se?

36. Esta medida visa .... tranquilizar a população.

37. Não temos nada .... comer.

38. Esta situação levou o governo .... tomar medidas mais duras.

39. O melhor é .... desistir desse plano.

40. Eu não tinha pensado .... fechar a janela.

41. O médico aconselhou o meu/BP aconselhou meu pai .... beber muita água.

42. O Roberto/BP (O) Roberto e a Isabel/BP (a) Isabel pensam .... casar-se em maio.

43. Ficamos .... sair no domingo.

44. Ninguém tinha nada .... opor.

45. Tratei .... convencer o meu/BP meu pai, mas não consegui.

46. Levei duas horas .... traduzir o texto.

47. Já não tenho mais perguntas .... fazer.

48. Alegro-me/BP Eu me alegro .... ter passado na prova.

49. Tenho dificuldades .... acreditar numa coincidência.

50. O que deseja .... beber?

51. Abstenho-me/BP Eu me abstenho .... fazer qualquer comentário.
52. Optei .... comprar o carro.
53. Fico contente .... saber que vocês estão bem.
54. Quem te ensinou .... jogar xadrez?
55. Estou a pensar/BP pensando .... procurar outro emprego.

2. Completar as frases com as seguintes preposições/ expressões preposicionais:

além de – antes de – ao – apesar de (2) – até – depois de (2) – a fim de – por (2) – sob o pretexto de – a tal ponto de –sem (2) – de tanto – em vez de

1. .... jogar no mesmo clube há dez anos, decidi mudar.
2. Eles jogam basquete .... estudar para o exame amanhã.
3. Naquela noite beberam .... se embebedar/BP embebedar-se.
4. Os meus/BP Meus pais pensam que errei .... não aceitar o emprego.
5. O cliente saiu .... nada.
6. Foi multado .... ter passado com o semáforo vermelho/ BP sinal fechado.
7. A mulher foi encontrada em bom estado de saúde .... ter ficado tanto tempo sob os escombros.
8. .... saber francês e inglês, o meu/BP meu pai também fala italiano.
9. Ele estava bêbado .... não conseguir manter-se de pé.
10. .... ir ao cinema tenho que cortar a relva/BP grama.
11. .... beber, ele acabou com a sua saúde.
12. Temos que fazer horas extras .... terminar o trabalho no prazo previsto.
13. Estou impaciente .... chegar.
14. A avião caiu no mar Vermelho pouco .... descolar da estação turística de Sharm el Sheik, ... deixar sobre-viventes.

15. Ela deixou a festa .... estar com enxaqueca.
16. .... ter nascido na Itália, ele considera-se/BP se considera alemão.

3. Traduzir para português:

1. Er versprach, sich um die Angelegenheit zu kümmern.
2. Ich habe keine Lust, mich in ideologische Diskussionen einzulassen.
3. Die Handschrift war schwer zu lesen.
4. Mein Kollege bot sich an, uns nach Hause zu fahren.
5. Wer hat dir das Tanzen beigebracht?
6. Du tätest gut daran, ein wenig abzunehmen.
7. Das Mädchen bleibt im Auto sitzen.
8. Meine Mutter vertrieb sich die Zeit mit dem Lösen von Kreuzworträtseln.
9. Die Verkäuferin versuchte, mich zum Kauf des Kleides zu überreden.
10. Er gab vor, sie nicht zu kennen.
11. Es war nicht leicht, ihn umzustimmen.
12. Es ist eine Freude, sie Klavier spielen zu hören.
13. Diese Maßnahmen zielen darauf ab, die Wirtschaft anzukurbeln.
14. Der Zeuge behauptet, den Angeklagten im Geschäft gesehen zu haben.
15. Das Problem besteht darin, die notwendigen Gelder zu beschaffen.
16. Ich erinnere mich nicht, den Film gesehen zu haben.
17. Er hat es nicht gewagt, ihr zu widersprechen.
18. Ich bereue es, das gesagt zu haben.
19. Der Kunde hat sich geweigert, die Rechnung zu bezahlen, weil sie zu hoch sei.
20. Sie hat beschlossen, mit ihrem Geliebten Schluss zu machen.
21. Diese Möglichkeiten erlauben es Frauen, Familienleben und Berufsleben zu vereinbaren.

22. Ich schwöre, die Wahrheit zu sagen.
23. Ich bin gezwungen, bis 65 zu arbeiten.
24. Ich habe vergessen, zweihundert Euro abzuheben.
25. Diese Maßnahmen können dazu beitragen, die internationalen Beziehungen zu verbessern.
26. Wir haben vor, nächstes Jahr die Ferien in Griechenland zu verbringen.

4. Substituir nas frases seguintes o conjuntivo pelo infinitivo pessoal:

1. Eles ficaram noivos sem que os pais soubessem.
2. Eu acho que é melhor que vocês fiquem em casa.
3. Não é muito provável que aceitemos a oferta.
4. Eu acho melhor que os pais vendam a casa e comprem um apartamento.
5. Tenho que arrumar a casa antes que os convidados cheguem.
6. É raro que ele cometa um erro.
7. Basta que tenhas/BP você tenha dezoito anos para que possas/ possa entrar.

5. Traduzir usando o infinitivo pessoal:

1. Es ist besser, wir gehen zu Fuß.
2. Pass auf, dass du nicht ausrutschst.
3. Bitte ihn, auf mich zu warten.
4. Es ist bedauerlich, dass du die Stelle nicht bekommen hast.
5. Als wir ankamen, waren alle Plätze besetzt.
6. Das ist nicht der geeignete Ort für die Kinder zum Spielen.
7. Wir waren eine glückliche Familie, bis unsere Tochter bei einem Autounfall ums Leben kam.
8. Ich habe es satt, dass sie mich jeden Tag anrufen.
9. Es ist selten, dass mein Mann über geschäftliche Dinge spricht.

10. Bevor das Flugzeug startet, müssen die Passagiere den Sicherheitsgurt anlegen.
11. Das Hotel hat alles vorbereitet, damit sich die Touristen wohlfühlen.
12. Ich sah sie, wie sie sich vor der Schule küssten.

6. Traduzir* 'brauchen':

1. Du brauchst mich nicht abzuholen.
2. Du brauchst dir keine Sorgen zu machen.
3. Du brauchst nichts zu bezahlen.
4. Du brauchst dich nicht zu schämen.
5. Du brauchst nur zu fragen.
6. Da braucht man sich nicht zu wundern!

7. Traduzir* 'dürfen':

1. Darf ich Ihnen helfen?
2. Man darf nicht übertreiben.
3. Du hättest das nicht tun dürfen.
4. ..., wenn ich so sagen darf.
5. Darf ich mal kosten?
6. Hier darf man nicht rauchen.
7. Er hat Diabetes; er darf nichts Süßes essen.
8. Das Defizit dürfte sich auf zwei Millionen Euro belaufen.
9. Das darf doch nicht wahr sein!
10. Darf ich Sie einen Augenblick stören?
11. Solche Dinge dürfen nicht passieren.
12. Dein Vater dürfte recht haben.
13. Es dürfte zu spät sein.
14. Du darfst heute nicht fernsehen.
15. Darf ich dir etwas Wein nachschenken?
16. Darf ich kassieren?

8. Traduzir* 'können':

1. Das kann jedem passieren.
2. Kannst du Klavier spielen?
3. Kannst du mir sagen, wie spät es ist.
4. Ich kann kein Rad fahren.
5. Meine Frau kann gut Auto fahren.
6. Du kannst dir nicht vorstellen, was gestern passiert ist.
7. Können Sie mir ein Taxi rufen?
8. Wir können nicht umhin, die Einladung anzunehmen.
9. Ich kann nicht schlafen.
10. Nach dem Aussehen zu urteilen, könnte man meinen, dass er Alkoholiker ist.
11. Kannst du Deutsch?
12. Ich habe mir den Fuß verstaucht. Ich kann nicht tanzen.
13. Sie können mit mir deutsch sprechen.
14. Wie kann man so dumm sein?
15. Ich konnte nicht umhin zu lachen.
16. Ich kann ihn mir nicht als Lehrer vorstellen.
17. Das kann ich mir denken.
18. Wer könnte es gewesen sein?
19. Können Sie das einpacken?
20. Deine Mutter kann recht haben.
21. Wir hätten einen anderen Tag wählen können.
22. Einen Augenblick lang konnte ich nichts sagen.
23. Das Mädchen konnte nicht aufhören zu lachen.

9. Traduzir* 'lassen':

1. Mama, lass mich ins Kino gehen.
2. Lasst uns nach Hause gehen!
3. Die Qualität lässt sehr zu wünschen übrig.

4. Lassen Sie sich nicht stören.
5. Lassen Sie mich bitte durch!
6. Ich muss mich röntgen lassen.
7. Der Text lässt sich in drei Teile teilen.
8. Lassen Sie den Tee fünf Minuten ziehen.
9. Ich hatte das Licht brennen lassen.
10. Warum haben sich deine Eltern scheiden lassen?
11. Diese Erfahrungen haben ihn reifen lassen.
12. Die Tür lässt sich nicht öffnen.
13. Sie hat mich eine halbe Stunde warten lassen.
14. Mein Mann hat den Schlüssel stecken lassen.
15. Ich werde mich nächstes Jahr pensionieren lassen.
16. Herr Pimenta lässt sich entschuldigen, er ist leider verhindert.
17. Ich habe mir die Haare kurz schneiden lassen.
18. Ich will mir einen Bart wachsen lassen.
19. Die wesentlichen Punkte lassen sich folgendermaßen zusammenfassen: ...
20. Wir haben die Fassade unseres Hauses streichen lassen.
21. Heute hat der Englisch-Lehrer die Schüler früher gehen lassen.

10. Traduzir* 'mögen':

1. Ich mag das nicht essen.
2. Er möge eintreten.
3. Ich möchte noch etwas hinzufügen.
4. Er möchte lieber fernsehen als einen Spaziergang machen.
5. Wer mag das sein?
6. Möchtest du einen Kaffee?
7. Mag sein, dass er ein guter Wissenschaftler ist, aber für den Lehrberuf halte ich ihn nicht geeignet.

8. Mag es auch noch so kalt sein, ich werde trotzdem mit dem Rad fahren.
9. Seine Frau mag 50 Jahre alt sein.

11. Traduzir* 'müssen':

1. Ich muss einkaufen gehen.
2. Morgen muss ich zum Zahnarzt.
3. Du musst sehr müde sein.
4. Er musste ins Krankenhaus eingeliefert werden.
5. Es muss eine Erklärung geben.
6. Ich musste einfach lachen.
7. Ich muss 5 Kilo abnehmen.
8. Wir müssen uns beeilen.
9. Es gibt nichts, wofür du dich schämen müsstest.
10. Warum müsst ihr immer streiten?
11. Ich muss niesen.
12. Es muss geregnet haben.
13. Man muss sich den Umständen anpassen.
14. Wenn es unbedingt sein muss.

12. Traduzir* 'sollen':

1. Was soll ich machen?
2. Ich weiß nicht, was ich machen soll.
3. Soll ich das Fenster schließen?
4. Der Elektriker sollte um 8 Uhr kommen.
5. Sag ihm, er soll auf mich warten.
6. Du solltest im Bett bleiben.
7. Du sollst nicht töten.
8. Sie soll krank sein.
9. Womit soll ich anfangen?
10. Du hättest das nicht tun sollen.
11. Sollte sie schwanger sein?

12. Sollte es regnen, verschieben wir den Ausflug.
13. Ich soll so etwas gesagt haben?
14. Der Teufel soll dich holen!
15. Woher soll ich das wissen?
16. Der Angriff soll etwa 50 Tote unter der Zivilbevölkerung gefordert haben.
17. Wo soll ich die Tassen hinstellen?
18. Du hättest es anders anstellen sollen.
19. Und das soll Kunst sein?
20. Das sollst du mir büßen!
21. Ein Exhibitionist soll sich am Bahnhof herumtreiben.
22. Was soll ich anziehen?
23. Sein Onkel nahm an einer Expedition nach Brasilien teil, von der er nicht mehr zurückkehren sollte.

13. Traduzir* 'wollen':

1. Unser Sohn will Arzt werden.
2. Ich wollte gerade das Haus verlassen, als das Telefon läutete.
3. Wir wollen im Mai heiraten.
4. Der Zeuge will den Dieb gesehen haben, wie er aus dem Laden gerannt kam.
5. Wenn Sie wollen, können wir zusammen gehen.
6. Wollen wir wetten?
7. Heute wollen wir über Umweltverschmutzung reden.
8. Was willst du einmal werden?
9. Und so jemand will Lehrer sein?
10. Das will nichts heißen.
11. Das will ich nicht hoffen.
12. Das wollte ich gerade sagen.

Capítulo 21 As perífrases verbais (P.G. §§ 240-243)

1. Inserir as formas convenientes do verbo apropriado:

acabar, andar, chegar, começar, conseguir, dar-se, deixar, desatar, estar, ficar, ir, precisar, ter, vir, voltar

1. Desde quando é que o teu/BP Desde quando seu filho .... aprender/ BP aprendendo inglês?
2. Por que é que/BP Por que o senhor/a senhora/você .... aprender alemão? – É muito difícil.
3. A situação .... agravar-se/BP se agravando de dia para dia.
4. O comboio/BP trem .... chegar.
5. O governo .... (pret. perf. simpl.) resolver o problema.
6. Posso .... vê-la?
7. A minha/BP Minha irmã .... ter um filho.
8. Isso .... ser o mesmo.
9. O carro deu duas ou três voltas sobre si mesmo e.................. bater contra uma árvore .
10. Felizmente, hoje eu não .... trabalhar.
11. As crianças ....brincar/BP brincando no jardim.
12. A menina .... (pret. perf. simpl.) chorar.
13. Eu .... trabalhar às oito.
14. Há dias que a minha mulher .... ficar/BP que minha esposa .... ficando muito preocupada
15. O nosso/BP Nosso filho .... se tornar pai.
16. Grande parte das casas .... destruídas pelo terramoto/BP terremoto.
17. Eu ainda não .... vencido.
18. Eu nunca .... (fut.) compreender isso.
19. Vocês ....algo previsto para este fim-de-semana?
20. Nós .... (pret. perf. simpl.) nos ver/BP ver-nos daqui a uma semana.

2. Substituir o verbo por uma perífrase verbal mantendo na frase o sentido da parte em itálico:

1. A Luísa/BP (A) Luísa fala *sem parar*.
2. Eu *já não* fumo.
3. O desemprego *ainda é* um problema.
4. Eles *finalmente* aceitaram a oferta.
5. Por que é que/BP Por que o senhor/a senhora/você não se casa *de novo*?
6. A criança *está ainda* desaparecida.

3. Substituir a parte em itálico por uma perífrase verbal sinónima:

1. *Está para* chover.
2. Eu *tenho que* resolver este problema.
3. Agora *começo a* estudar.
4. A menina *voltou a* chorar.
5. *Deixou de* trovejar.
6. *Continuo a* tocar/BP tocando piano.

4. Traduzir para português:

1. Die Fabrik bleibt von den Streikenden besetzt.
2. Gestern Abend habe ich im Keller das Licht brennen lassen.
3. Ich lerne weiterhin Griechisch.
4. Der Fernseher war eingeschaltet geblieben.
5. Ich warte schon seit zwei Stunden..
6. Der Angeklagte gab schließlich zu, dass er das Geld unterschlagen hatte.
7. Die Betten sind noch nicht gemacht.
8. Die Gäste sind gerade angekommen.

Capítulo 22 Os complementos verbais (P.G. §§ 244-256)

1. Inserir a preposição apropriada, quando necessário for:

1. Ontem assisti .... um filme muito interessante.
2. A janela dá .... o jardim.
3. .... quem devo dirigir-me?
4. O que é que o sr. entende .... democracia?
5. A mulher olhou .... o relógio.
6. A avó ainda goza .... boa saúde.
7. As flores precisam .... água.
8. O meu/BP Meu pai sofre .... diabetes.
9. Interesso-me .... línguas estrangeiras.
10. O nosso/BP Nosso professor de matemática não é .... brincadeiras.
11. O meu/BP Meu marido gasta muito dinheiro .... livros.
12. O nosso/BP Nosso país está sofrendo .... uma grave crise económica/ BP econômica.
13. Aqui cheira .... cebola.
14. O meu/BP Meu irmão adoeceu ....uma pneumonia.
15. A propriedade adjacente ao museu pertence .... um advogado.
16. Trabalhamos .... turnos.
17. O assado sabe .... queimado.
18. Eu acredito .... Deus.
19. Como o professor reagiu .... esse comportamento?
20. Esta sopa não sabe .... nada.
21. A palavra termina .... -ão.
22. O meu/BP Meu pai não entende .... computadores.
23. O Carlos faz-me lembrar/BP Carlos me lembra muito .... o pai dele.
24. Solicitei .... uma bolsa de estudos.
25. Temos que adiar a reunião .... a próxima semana.

2. Inserir a preposição apropriada, contraindo-a quando for necessário:

1. Tenho de viver .... economias.
2. É melhor mudarmos .... assunto.
3. Não sei por que o João/BP João acabou o namoro.......... a namorada.
4. O aluno afastou-se .... grupo.
5. Temos que esperar .... próximo eléctrico/BP bonde.
6. O vinho tinto combina bem .... a carne.
7. Os pais dela não consentiram .... matrimónio.
8. Quem cuida .... crianças?
9. Não duvido .... sinceridade dele.
10. Eu não passo .... 500 euros por mês.
11. Você precisa de/BP precisa se adaptar .... nova situação.
12. Preste atenção .... trânsito!
13. Ele queria vingar-se ..../BP se vingar .... sua ex-esposa.
14. A Roberta/BP (A) Roberta sai toda .... avó.
15. Não me lembro .... nome dele.
16. Insisto .... uma fatura corrigida.
17. Eu refiro-me/BP me refiro .... telefonema da semana passada.
18. O turista perguntou o caminho .... polícia.
19. Eu tenho que recuperar-me/BP me recuperar .... árdua jornada.
20. .... que é que/BP .... que você precisa?
21. Ficámos/BP Ficamos chocados .... a notícia.
22. Reconheci-a .... voz.
23. As crianças subiram .... árvore.
24. Os filhos brigam .... herança.
25. Escorreguei .... casca de banana.
26. Estamos ansiosos .... sua visita.

3. Traduzir para português:

1. Rauchen schadet der Gesundheit.
2. Niemand überlebte die Katastrophe.
3. Unser Sohn hat die Prüfung bestanden.
4. Ich habe den Elektriker schon bezahlt.
5. Wen wollen Sie sprechen?
6. Warum hast du deine Mutter angelogen?
7. Niemand konnte die Frage beantworten.
8. Die irakischen Truppen fielen in Kuweit ein.
9. Du tätest gut daran, seinem Rat zu folgen.
10. Wo bist du ihm begegnet?
11. Ich habe ihr zur Geburt ihres Sohnes gratuliert.
12. Hast du schon deine Schwägerin angerufen?
13. Sie wagt es nicht, ihrem Mann zu widersprechen.
14. Warum hat die Firma ihm gekündigt?
15. Ich brauche ein Wörterbuch.
16. Hast du ihr gedankt?
17. Ich bin sicher, dass er seine Entscheidung bereut hat.
18. Sie weiß nicht, wie sie ihn loswerden kann.

4. Traduzir para português:

1. Die Unvorsichtigkeit kostete ihn das Leben.
2. Sie fragte ihn nach seinem Alter.
3. Ich dankte meiner Nachbarin für ihre Hilfe.
4. Der Entführer versuchte von dem Firmenbesitzer zwei Millionen Euro zu erpressen.
5. Er bat seine Freunde um Hilfe.
6. Der Lehrer tadelte den Schüler wegen seines schlechten Verhaltens.
7. Er macht seine weitere Zusammenarbeit von einer Gehaltser höhung abhängig.

5. Traduzir para português:

1. An welcher Krankheit ist sie gestorben?
2. Pass auf deine Brieftasche auf!
3. Ich muss mich nach einer anderen Arbeit umschauen.
4. Woran denkst du gerade?
5. Die Ampel schaltet auf Rot um.
6. Halte dich am Geländer fest!
7. Der Mann packte mich am Arm.
8. Sie beneidet ihre Schwester um ihre gute Figur.
9. Wir werden an der Veranstaltung teilnehmen.
10. Meine Oma leidet an Rheuma.
11. Hunderte von jungen Frauen bewerben sich jedes Jahr um den Titel Miss Portugal.
12. Wir orientierten uns an der Kathedrale.
13. Was hältst du von diesem Vorschlag?
14. Der Autor arbeitet an einem neuen Roman.
15. Ich habe ihn zu meiner Hochzeit eingeladen.
16. Du kannst dich auf ihn verlassen.
17. Ich erinnere mich nicht mehr an ihn.
18. Man zeigt nicht mit dem Finger auf die Leute!
19. Wir machen uns um die Gesundheit unseres Sohnes Sorge
20. Unsere Tochter hat die schlechte Angewohnheit, an den Fingernägeln zu kauen.
21. Worauf spielt er an?
22. Ich habe mich über das Geschenk sehr gefreut.
23. Mach dir wegen mir keine Sorgen!
24. Dieses Wort stammt aus dem Lateinischen.
25. Ich hoffe auf eine bessere Zukunft.
26. Alle haben zum Gelingen des Festes beigetragen.
27. Dieser Brauch geht auf das Mittelalter zurück.

28. Sie verzweifelt an ihrer Ehe.
29. Ich muss mich auf die Prüfung vorbereiten.
30. Sie leidet heute noch an den Folgen eines Verkehrsunfalls.
31. Die Anklage lautet auf Mord.
32. Riech mal an dem Schinken, ob der noch gut ist.
33. Wir müssen uns auf das Allernotwendigste beschränken
34. Wir zählen auf deine Hilfe.
35. Ich würde mich nicht auf eine so riskante Unternehmung einlassen.
36. Wer passt auf deine Kinder auf?
37. Wartet nicht auf mich!
38. Wie hat er auf den Vorwurf reagiert?
39. Sie verlässt sich ganz auf ihren Mann.
40. Wir müssen das Treffen auf die nächste Woche verschieben.
41. Ich freue mich auf die Ferien.
42. Warum schaust du dauern auf die Uhr?
43. Ihr Bruder ist an einem Herzinfarkt gestorben.
44. Wasser besteht aus Wasserstoff und Sauerstoff.
45. Ich habe mich bei dem Geschäftsführer beschwert.
46. Er erinnert mich an meinen verstorbenen Mann.
47. Wir stimmen diesen Plänen zu.
48. Ich habe mich um ein Stipendium beworben.
49. Diese guten wirtschaftlichen Bedingungen werden zu einem deutlichen Rückgang der Arbeitslosigkeit führen.
50. Ich weiß nicht, ob Sie sich an mich erinnern.
51. Er ist bei der Fahrprüfung durchgefallen.

6. Traduzir para português:

1. Ich habe mich an einer Gräte verschluckt.
2. Wir müssen uns nach den Wünschen unserer Kunden richten.
3. Das Kind hängt sehr an seiner Oma.

4. Ich kann mich nicht an dieses Leben gewöhnen.
5. Wenn sie nervös ist, kaut sie an den Fingernägeln.
6. Die Frau wollte sich an ihrem Ex-Mann rächen.
7. Seine Frau stammt aus einer Arztfamilie.
8. Das Grundstück unserer Nachbarn grenzt an einen Sportplatz.
9. Wir haben ihn an sein Versprechen erinnert.
10. Wir müssen uns an die neue Umgebung anpassen.
11. Ich habe mich an den zuständigen Beamten gewandt.
12. Kannst du mir bei meinen Hausaufgaben helfen?
13. Die Firma hat sich nicht an den Vertrag gehalten.
14. Halte dich aus diesen Streitigkeiten heraus!
15. Die Bauarbeiter trinken ihr Bier aus der Flasche.
16. Ich sah die Frau aus einem Taxi steigen.
17. Glaubst du an ein Leben nach dem Tod?
18. Er hat den Diebstahl bei der Polizei angezeigt.
19. Die Gäste beschwerten sich über den sehr schlechten Hotelservice.
20. Hast du dich bei deiner Lehrerin entschuldigt ?
21. Du müsstest dich für dein Verhalten schämen.
22. Ich schwöre bei Gott, dass ich diese Frau nicht getötet habe.
23. Kann ich heute bei dir vorbeikommen ?
24. Eine Bande war in mehrere Häuser eingebrochen.
25. Ich würde nicht so viel für ein Kleid ausgeben.
26. Der Detektiv ertappte das Mädchen beim Diebstahl eines Parfums.
27. Du musst bei dir selbst beginnen.
28. Plötzlich packte mich der Mann am Arm.
29. Wir kaufen unser Fleisch immer beim gleichen Metzger.
30. Er trainierte drei Monate für den Marathon.
31. Ich kann über solche Witze nicht lachen.

32. Ihr Mann ist nicht bereit, in die Scheidung einzuwilligen.
33. Für welche Partei wirst du stimmen ?
34. Es riecht nach verbranntem Essen.
35. Die Aufständischen rebellierten gegen die Regierung.
36. Wir müssen uns nach einer neuen Putzfrau umschauen.
37. Wir werden uns mit allen Mitteln gegen diese Anschuldigungen wehren.
38. Ich habe mir in den Finger geschnitten
39. Gestern ist unsere Tochter in ihre neue Wohnung gezogen.
40. Die Diebe drangen nachts in das Gelände ein.
41. Misch dich bitte nicht in meine Angelegenheiten ein !

7. Traduzir para português:

1. Mit wem hast du dich gerade unterhalten?
2. Er kann nicht mit Kindern umgehen.
3. Man darf nicht nach dem äußeren Schein urteilen.
4. Ich habe mich in die Tochter meines Lateinlehrers verliebt.
5. Der Mann stank nach Schweiß.
6. Ich werde gegen die Baufirma klagen.
7. Ich habe mich über die Bedienung beschwert.
8. Viele Arbeiter fürchten um ihren Arbeitsplatz.
9. Der alte Mann ist über eine Stufe gestolpert.
10. Die Kanzlerin distanziert sich von der Äußerung des Innenministers.
11. Die Erde dreht sich um die Sonne.
12. Reg dich nicht über so eine Kleinigkeit auf!
13. Wie kann ich mich vor dieser Krankheit schützen?
14. Ich konnte ihn nicht von meiner Meinung überzeugen.
15. Der Kunde fragte nach dem Preis.

16. Du hast die Lösung von deinem Nachbarn abgeschrieben.
17. Das Hotel verfügt über 80 Zimmer und einen Pool.
18. Halte dich von diesem Jungen fern!
19. Heute habe ich eine Stunde mit meiner Schwester telefoniert.
20. Der Artikel basiert auf einer 2018 durchgeführten Studie.
21. In dem Text wimmelt es von Fehlern.
22. Ein Herr hat nach dir gefragt.
23. Das Barometer dient zur Messung des Luftdrucks.
24. Wir begnügen uns mit einer kleinen Wohnung.
25. Der Präsident verneigte sich vor dem Parlament.
26. Sie beneidet ihn um seine Fremdsprachenkenntnisse.
27. Wir haben unsere Tochter vor diesem Mann gewarnt.
28. Ich gratuliere dir herzlich zu deinem 50. Geburtstag.
29. Die Verhandlung hat zu keinem Ergebnis geführt.
30. Meiner Meinung nach gehen Sie von falschen Voraussetzungen aus.
31. Der Dieb hat sich vor der Polizei versteckt.
32. Der Angeklagte wurde zu drei Jahren Gefängnis verurteilt.
33. Die Entscheidung hängt von vielen Faktoren ab.
34. Gehen wir zum nächsten Punkt der Tagesordnung über.
35. Die Bluse passt gut zu deinem Rock.
36. Diese Giftstoffe wirken auf den Organismus.
37. Die Gewerkschaften haben zum Streik aufgerufen.
38. Es ist schwer, sich mit dieser Tatsache abzufinden.
39. Ich werde mich zu dieser Angelegenheit nicht äußern.
40. Diese Umstände sprechen für den Angeklagten.
41. Er muss sich einer Entziehungskur unterziehen.
42. Dieses Haus hat an Wert verloren.

43. Die Unternehmer sehen sich vor große Probleme gestellt.
44. Die Gastarbeiter haben wesentlich zu unserem wirtschaftlichen Wachstum beigetragen.
45. Ich habe beschlossen, mich aus dem politischen Leben zurückzuziehen.

8. Traduzir 'als':

1. Ich arbeite in einem Büro als Übersetzerin.
2. Die Universität von Salamanca gilt als die älteste in Spanien.
3. Ich fühle mich mehr als Brasilianerin denn als Deutsche.
4. Als Mädchen war ich ziemlich pummelig.
5. Ich kannte ihn schon als Junge.
6. Ich kann mir Luísa nicht als Lehrerin vorstellen.
7. Als Nachtisch möchte ich Eis.
8. Die Terroristen nahmen drei Touristen als Geiseln.
9. Der junge Mann war bei der Polizei als Drogenkonsument bekannt.
10. Dieses Jahr werde ich mich als Prinzessin verkleiden.
11. Der Angeklagte gab sich als Arzt aus.
12. Ich empfinde diese Behandlung als diskriminierend.
13. Der Lehrer hat als Letzter das Klassenzimmer verlassen.
14. Kann ich das als Handgepäck mitnehmen?
15. Neil Armstrong hat am 21. Juli 1969 als erster Mensch den Mond betreten.
16. Können Sie das für mich als Geschenk einpacken?
17. Ungefähr 72% der Gastarbeiter türkischer Herkunft bezeichnen sich als religiös.

Capítulo 23 O advérbio (P.G. §§ 257-273)

1. Inserir o advérbio apropriado:

a(c)tualmente – ainda – algures – ali – de antemão – assim – bastante – cedo – daqui (2) – debalde – devagar – então – honestamente – imediatamente – infelizmente – já – nunca – ontem – realmente – talvez

1. Fale mais ...., por favor.
2. Conheço-o/BP Eu o conheço de ....
3. Hoje trabalho só seis horas, ...trabalhei dez horas.
4. Eu acordo sempre ....
5. .... há lugares?
6. Sinto-me/BP Eu me sinto/ .... mal.
7. .... a situação económica/BP econômica é muito má.
8. Este é o melhor livro que .... li.
9. .... ela esteja em casa.
10. A minha/BP Minha avó .... foi para o estrangeiro.
11. Eu não sou ....
12. O problema não se pode resolver ....
13. .... eu tinha deixado a janela aberta.
14. ...., não estou com vontade de ir ao cinema hoje.
15. .... era um mosteiro.
16. Você precisa de/BP- fazer um exame médico ....
17. Temos que participar.................... à polícia.
18. .... tentei convencer o meu/BP convencer meu colega.
19. O prazo expira .... a cinco dias.
20. O meu/BP Meu marido não ganha ....
21. Vou para .... que está mais fresco.
22. .... o que aconteceu?

2. Inserir a forma apropriada do advérbio:

1. Estou .... (ligeiro) constipado/BP resfriado.
2. Vivemos muito .... (simples)
3. Ele estava .... (completo) bêbado.
4. Eles amam-se/BP se amam .... (ardente) e .... (profundo).
5. O meu/BP Meu pai fala italiano muito .... (bom).
6. Você tem que se expressar .... (claro)
7. O negócio anda muito .... (mau).
8. Estamos .... (pleno) de acordo.
9. 60% das casas foram ....(total) ou .... (parcial) destruídas.
10. O meu/BP Meu filho está .... (louco) apaixonado.

3. Trocar as locuções adverbiais por advérbios terminados em *-mente*:

exemplo: em geral – geralmente

1. em pessoa ....
2. com cortesia ....
3. com consciência ....
4. de graça ....
5. em detalhe ....
6. por casualidade ....
7. por ordem cronológica ....
8. em confiança ....
9. de propósito ....
10. por desgraça ....
11. de imediato ....
12. por unanimidade ....
13. com frequência ....

4. Adjetivo ou advérbio?

1. Pagamos .... (separado).
2. O preço da saia foi.............. (caro).
3. Hoje as andorinhas voam .... (baixo)
4. Saímos .... (ileso) do acidente.
5. Por favor, fale mais .... (baixo)
6. Venderam .... (caro) a vida.
7. Respire .... (fundo).
8. A atriz sorri ....(sedutor) para a câmara.
9. Ela gosta de tomar sol .... (nu).
10. Temos de trabalhar .... (duro)
11. O Paco/BP (O) Paco espera .... (impaciente).
12. As mulheres saem da loja .... (satisfeito)
13. A rapariga/BP garota estava .... (meio) adormecida.
14. É um rio ....(alto) poluído.
15. A aluna estava .... (todo) confusa.
16. Eles dormem .... (separado).

5. Traduzir para português usando uma perífrase:

não parar de – costumar – estar a/estar + ger. – acabar por – preferir – voltar a – seguir a/+ ger. – acabar de – não tardar em – esperar – gostar de

1. Amália macht gerade Hausaufgaben.
2. Heute bleibe ich lieber zu Hause.
3. Mein Schwager redet pausenlos.
4. Sie hat gerade das Haus verlassen.
5. Hoffentlich besteht unser Sohn die Prüfung.
6. Sie haben schließlich das Haus doch verkauft.
7. Warum heiratest du nicht wieder?

8. Meine Eltern fliegen nicht gern.
9. Um diese Uhrzeit sind sie gewöhnlich zu Hause.
10. Die Großeltern werden bald kommen.
11. Wir arbeiten weiter.

6. Traduzir* para português:

1. Alle hörten interessiert zu.
2. Ich zahle immer bar.
3. Wir werden kirchlich heiraten.
4. Wir müssen das Gedicht auswendig lernen.
5. Der Braten riecht angebrannt.
6. Nehmen Sie es nicht tragisch.
7. Die Diebe sind spurlos verschwunden.
8. Meine Frau fährt sehr sicher.
9. Diese Orange schmeckt bitter.
10. Sie ist glücklich verheiratet.
11. Kann ich Sie telefonisch erreichen?
12. Er wurde kaltblütig ermordet.
13. Kann ich Sie privat sprechen?
14. Zahlen Sie zusammen oder getrennt?
15. Glücklicherweise sind wir rechtzeitig angekommen.
16. Der Fahrer musste plötzlich bremsen.
17. Mein Mann ist geschäftlich in Buenos Aires.
18. Der Antrag wurde einstimmig gebilligt.
19. Das Spiel endete unentschieden.
20. Wir haben nur standesamtlich geheiratet.
21. Dein Mann sieht müde aus.
22. Unsere Tochter ist künstlerisch begabt.
23. Seine Freundin sieht gut aus.

24. Sie wurden politisch verfolgt.
25. Wir müssen von vorn anfangen.
26. Ich bin freiberuflich tätig.
27. Mein Sohn nimmt sein Studium sehr ernst.
28. Die Paella sieht sehr appetitlich aus.
29. Ich arbeite durchschnittlich 9 Stunden am Tag.
30. Ich habe das Auto gebraucht gekauft.
31. Das Spiel wurde live übertragen.
32. Öffne nicht unnötig die Tür des Kühlschranks!
33. Versteh mich nicht falsch!
34. Drei Immigranten erreichten schwimmend das Ufer.
35. Seine Frau zieht sich immer blau an.
36. Das tue ich prinzipiell nicht.
37. Dieses Mal werde ich links wählen.
38. Meiner Meinung nach hat er es vorsätzlich getan.
39. Zieh dich warm an!
40. Warum isst du nicht anständig?
41. Wir leben gesund.
42. Ich werde stundenweise bezahlt.
43. Wir teilen alles brüderlich.
44. Mein Schwager fährt gern schnell.
45. Ich liebe sie wahnsinnig.
46. Träum schön!
47. Sicherheitshalber hebe ich eine Kopie des Dokuments auf..
48. Sie lächelte gezwungen.

7. Traduzir para português:

1. Heute bin ich früher aufgestanden.
2. Warum ziehst du dich nicht jugendlicher an?

3. Schreib das nächste Mal leserlicher!
4. Er muss sich ein wenig klarer ausdrücken.
5. Ich fühle mich heute besser.
6. Je schneller, desto besser.
7. Früher oder später wird er seinen Fehler einsehen.
8. Jetzt sehe ich schlechter als vorher.
9. Meine Schwester verdient weniger/mehr als ich.
10. Früher gab es keine Handys.
11. Ich will nicht länger warten.

8. Traduzir* para português:

1. Am meisten gefällt mir an Marco sein Humor.
2. Am besten bleibt man zu Hause.
3. Der Islam ist diejenige Religion, die sich am schnellsten ausbreitet.
4. Was hat euch am meisten interessiert?
5. Welches Bier wird in Deutschland am meisten getrunke
6. Am besten verstehe ich mich mit meiner älteren Schwester.
7. Welche Fächer hast du am liebsten?
8. So gefällt es mir am besten.
9. Am besten spielt João.
10. Am langsamsten isst mein Vater.
11. Wer ist der am besten bezahlte Spieler?

9. Traduzir para português *noch, schon, möglichst, sehr*:

1. Sie sind noch nicht angekommen.
2. Noch etwas?
3. Wer kommt noch mit uns?
4. Versuch es nochmals!
5. Ich habe noch eine Flasche Rotwein.

6. Pilar ist immer noch eine attraktive Frau.
7. Es sind noch vier Tage bis zur Reise.
8. Eine Schwalbe macht noch keinen Sommer.
9. Auch heute noch gibt es Menschen, die kein Handy haben.
10. Ich werde es ihm noch heute schicken.
11. Noch ein Bier, bitte!
12. Was macht die Feijoada? Dauert sie noch lange?
13. Noch ist es nicht zu spät.
14. Ich habe gerade noch den Bus bekommen.
15. Mag er noch so reich sein, ich werde ihn nicht heiraten.
16. Ich hatte ihn noch nie zuvor gesehen.
17. Hast du schon etwas gefunden?
18. Ich studiere schon zwei Jahre in Rio.
19. Die Spülmaschine ist schon wieder kaputt.
20. Schon beim Gedanken daran wird es mir übel.
21. Bist du schon mal geflogen?
22. Warst du schon einmal in Italien?
23. Stimmt das? – Ich denke schon.
24. Schon als Kind malte sie gern.
25. Wir wohnen schon immer hier.
26. Ich werde möglichst viel sparen.
27. Du musst möglichst genau übersetzen.
28. Ihr Mann verdient sehr wenig.
29. Ich lese sehr viel.
30. Gestern sind wir sehr spät ins Bett gegangen.
31. Meiner Frau hat der Film nicht gefallen, mir schon.
32. Ich kenne sie schon lange.
33. Da kommt sie schon!
34. Ich will das Problem möglichst schnell lösen.

Capítulo 24 Negação e restrição (P.G. §§ 274-277)

1. Completar as seguintes frases:

1. .... fechei os olhos a noite toda.
2. .... é tarde para fazer o bem.
3. .... nasce mestre.
4. Esta sopa .... sabe a ....
5. .... tudo o que luz/BP reluz é ouro.
6. .... vi uma pessoa mais insolente na/BP em minha vida do que esta!
7. Eu .... conheço .... que saiba disso.
8. .... a viu.
9. Eu .... estive no Canadá e .... tenho intenção de ir para lá.
10. .... fez .... objeção.
11. Eu .... tive problema ....
12. O cliente saiu sem comprar ....

2. Traduzir para português:

1. Ich weiß es nicht. – Ich auch nicht.
2. Ich weiß es auch nicht.
3. Hast du nicht gut geschlafen? – Doch, ich habe gut geschlafen.
4. Nicht alle Brasilianer mögen Fußball.
5. Dieser Junge kann nicht lesen und nicht schreiben.
6. Er ist noch nicht gekommen.
7. Ich bin mit dem Ergebnis gar nicht zufrieden.
8. Ich trinke Wein, aber nicht jeden Tag.
9. Nicht immer hast du recht.
10. Ich habe ihn nie gesehen.
11. Mein Schwager spricht nicht nur Englisch, sondern auch Spanisch.

12. Der Angestellte hat sich nicht einmal entschuldigt.
13. Diese Jugendlichen von heute respektieren nichts und niemanden.
14. Weder mein Bruder noch meine Schwester wissen es.
15. Er gibt mir nie etwas.
16. Wir haben nichts zu essen.
17. Ich werde dich nie vergessen.
18. Ich habe ihn nirgends gesehen.
19. Mein Mann raucht nicht mehr.

3. Traduzir 'kein':

1. Heute habe ich keine Zeit.
2. Am Nachmittag haben wir keinen Unterricht.
3. Ich trage keine Krawatte.
4. Keine Regel ohne Ausnahme.
5. Ich habe kein Auto.
6. Mach dir keine Sorgen!
7. Keiner meiner Kollegen spricht Russisch.
8. Luísa hat keine Schwierigkeit, sich anzupassen.
9. Ich gehöre keiner Partei an.
10. Hast du keinen Hunger?
11. Ich mag keinen Wein
12. Er ist kein schlechter Mensch.
13. Eine Schwalbe macht noch keinen Sommer.
14. Keine Ahnung!
15. Verstehst du kein Französisch?
16. Kein Mensch ist unsterblich.
17. Kein Problem!
18. Erzähl mir keine Märchen!

19. Du bist mir keine große Hilfe.
20. Das ist keine schlechte Idee.
21. Rui hat von Latein keine Ahnung.
22. Ich spiele keine Gitarre.
23. Unser Sohn hat noch keine Freundin.
24. Unser Lehrer hat keinen Humor.
25. Ich werde es auf keinen Fall tun.
26. Kein Trinkwasser!
27. Keine Polizei und keine Tricks!

4. Traduzir:

1. ein ungelernter Arbeiter
2. ein nicht gehaltenes Versprechen
3. unrealistische Forderungen
4. ein ungelöstes Problem
5. ein uninteressanter Roman
6. ein ungültiger Pass
7. eine unaufrichtige Person
8. ein unpraktisches Gerät
9. eine unbekannte Person
10. ein ungebräuchlicher Ausdruck
11. das Nichteinmischungsprinzip
12. die Nichtraucherzone
13. ein unpraktisches Gerät
14. eine unnütze Ausgabe
15. eine unbestreitbare Tatsache

5. Traduzir 'nur'/'erst':

1. Er denkt nur an sich.
2. Nur meine Frau kennt meine Geheimzahl.

3. Ich kenne ihn nur dem Namen nach.
4. Ich habe nur 10 Euro.
5. Man lebt nur einmal!
6. Wenn ich nur daran denke, wird mir übel.
7. Er beklagt sich immer nur.
8. Ich weiß nur, dass sein Vater bei Seat arbeitet.
9. Wie kann man nur so dumm sein!
10. Ich habe nur Angst.
11. Sie stieg ins Auto, ohne sich auch nur umzudrehen.
12. Wenn er nur käme!
13. Du brauchst es nur zu sagen.
14. Es gibt nur eine Lösung.
15. Ich weiß es nur vom Hörensagen.
16. Nur keine Angst!
17. In den Ferien hat es nur geregnet.
18. Er ist nicht dumm, nur faul.
19. Ein kleines Haus, nur für uns.
20. Nur nicht lügen!
21. Er schläft nur noch; er macht nichts mehr.
22. Er schläft nur; er ist nicht tot.
23. Roberto ist erst 25 Jahre alt.
24. Auf Wunsch von Picasso selbst kam "el Guernica" erst nach dem Tod Francos nach Spanien.
25. Es ist erst 8 Uhr.
26. Wir sind eben erst angekommen.
27. Erst 1990 ist dieses Gesetz in Kraft getreten.
28. Der Bus kommt erst in zehn Minuten.
29. Das Auto kostet 30.000 Euro. Ich habe aber erst 15.000 gespart.
30. Erst esst ihr, dann könnt ihr spielen.

Capítulo 25 As conjunções (P.G. §§ 278-289)

1. Inserir as conjunções apropriadas:

1. É melhor irmos .... escureça.
2. A menina foi atropelada .... atravessava a passadeira/BP faixa de pedestres.
3. .... todos possam participar na/BP da viagem de estudo, os custos não devem exceder 250 euros.
4. O rapaz comportava-se /BP garoto estava se comportando .... estivesse louco.
5. .... todos cumprimos as regras, o/BP Ricardo ignora tudo.
6. .... o tempo estava bom, decidimos fazer uma excursão.
7. .... a nossa equipa/BP nossa equipe tenha jogado muito mal, ganhou.
8. Muitas coisas têm mudado, ... para melhor.
9. .... o nosso ponta de lança/BP nosso atacante central se tenha lesionado/BP tenha se machucado, ele queria jogar.
10. Vejo mal, ... ouço bem.
11. .... ele tiver filhos, mudará de ideia.
12. Amanhã faremos uma excursão, ... faça mau tempo.
13. Estou tonto .... voltei de férias.
14. .... algo lhe acontecesse, seria uma catástrofe.
15. .... ele não tenha ilusões, precisas de/BP você precisa dizer a verdade.
16. Eu limpei o apartamento .... estavas no ginásio/BP você estava centro de fitness.
17. Não vi o final do filme ....adormeci na poltrona.
18. Eu lesionei-me/BP Eu me machuquei, ... não posso jogar.
19. Eu tenho que trabalhar, ... tu ficas/BP você fica de braços cruzados. .
20. Eu estremeço .... penso nisso.
21. Estou preocupado/a .... ele/ela não atende o telemóvel/BP celular.

22. .... a sua mulher/BP sua esposa o deixou, ele começou a beber.

23. .... a Julieta/BP (A) Julieta fazia anos no domingo, convidou lá para casa as suas/BP suas melhores amigas.

24. Estás a falar a sério/BP Você está falando sério .... estás a brincar/BP está brincando?

25. .... se aposentou, o meu/BP meu marido só está sentado em frente da televisão.

26. Vamos depressa, ... o correio feche.

27. .... o meu/BP meu irmão se casou, ele mudou.

28. Ele olha para ela .... a visse pela primeira vez.

29. Aprender é como remar contra a corrente. .... paramos, voltamos para trás. (Benjamin Britten).

30. Ele tem 35 anos, ... não me engano.

31. .... a empresa não pôde pagar as/BP pagar suas dívidas, faliu.

32. Não comas/BP coma .... estiveres/BP estiver ao telefone.

33. O meu/BP Meu colega vai optar pela reforma antecipada/BP tirar a aposentadoria antecipada, ... tenha mudado de ideia.

34. .... esteja de dieta, não perdi um grama.

35. .... jogares às cartas/BP você jogar cartas com ele, tem/BP tenha cuidado .... ele gosta de trapacear.

36. Ele mantinha um relacionamento com a secretária .... a esposa soubesse.

37. .... tínhamos saído do restaurante .... começou a chover a cântaros.

38. Por favor, permaneçam sentados .... o avião pare.

2. Traduzir para português:

1. Da ich das Buch nicht gelesen hatte, konnte ich die Frage nicht beantworten.
2. Ich werde wieder arbeiten, wenn mein Kind in die Schule kommt.
3. Jedes Mal, wenn wir über dieses Thema sprechen, streiten wir.

4. Ich bin völlig erschöpft, wenn ich von der Arbeit komme.
5. Ich bleibe zu Hause, weil ich mich nicht wohl fühle.
6. Obwohl João fünf Jahre jünger ist als sein Bruder, sieht er älter aus.
7. Da wir es nicht eilig hatten, gingen wir zu Fuß, weil die Schule nicht weit war.
8. Das sagst du immer, wenn du dich ärgerst.
9. Warte, bis es aufhört zu regnen.
10. Entscheide dich, bevor es zu spät ist!
11. Seitdem sie keinen Alkohol mehr trinkt, geht es ihr besser.
12. Kinder, geht hinaus spielen, solange die Sonne scheint!
13. Ich rufe dich an, sobald ich in Salamanca ankomme.
14. Wenn ich mich vorstelle, ist die Stelle entweder schon vergeben oder ich bin zu jung und habe zu wenig Erfahrung.
15. Sie war fünfzehn, als ihre Mutter starb.
16. Sein Freund bekam einen Herzinfarkt, während er telefonierte.
17. Ich bekam die Stelle nicht, weil ich kein Englisch konnte.
18. Du könntest Kaffee kochen, während ich den Tisch decke.
19. Mein Mann langweilt sich, seitdem er pensioniert ist.
20. Sobald ich es weiß, rufe ich dich an.
21. Ich komme eigens, damit wir über dieses Projekt sprechen können.
22. Wenn ich nochmals auf die Welt käme, würde ich alles genauso machen, wie ich es gemacht habe.
23. Unser Mittelstürmer ist zwar verletzt, aber er wird spielen können.
24. Ich gehe gern ins Kino, während meine Freundin lieber ins Theater geht.
25. Ich bin mit meinem Bild nicht zufrieden, obwohl mir alle sagen, dass es eine gute Arbeit sei.
26. Da ich einige Einkäufe tätigen muss, werde ich nicht vor Mittag zu Hause sein.

27. Seitdem mein Sohn die Schule gewechselt hat, ist er ausgeglichener.
28. Terroristen wollen ihr Ziel erreichen, indem sie Angst, Schrecken und Unsicherheit verbreiten.
29. Nachdem seine Frau sich von ihm getrennt hatte, fing er an zu trinken.
30. Kaum waren wir an unserem Ferienort angekommen, als ein Gewitter losbrach.
31. Diese beiden Koffer sind völlig gleich, außer dass meiner verkratzt ist.
32. Der Mann bessert seine Rente auf, indem er Zeitungen austrägt.
33. Soviel ich weiß, ist er verreist.
34. Sie schaute mich an, als ob sie nicht verstanden hätte.
35. Ich hatte das Haus schon verlassen, als er anrief.
36. Bleib nicht zu lange, denn es ist schon spät.
37. Ich glaube nicht, dass es so leicht ist, wie du meinst.
38. Während ich draußen wartete, sah ich zwei komische Typen hineingehen.
39. Wenn du den Roman gelesen hättest, wüsstest du, wer der Mörder ist.
40. Maria war so aufgeregt, dass sie kaum sprechen konnte.
41. Wir müssen alle mitarbeiten, damit das Fest ein Erfolg wird.
42. Ich habe gehandelt, wie ich es für richtig gehalten habe.
43. Obwohl Ricardo erst seit drei Monaten Deutsch lernt, spricht er schon sehr gut.
44. Wenn dir so etwas passieren würde, was würdest du machen?
45. Der Fahrer hat die Kontrolle über sein Auto verloren, weil er durch sein Handy abgelenkt war.
46. Pass auf den Kleinen auf, damit er sich nicht wehtut.
47. Ich sagte ihm, er solle warten, bis das Taxi komme.

Capítulo 26 As preposições (P.G. §§ 290-298)

1. Completar as frases seguintes com preposições adequadas, contraindo-as quando for necessário:

1. Trabalho .... tempo inteiro/BP .... tempo integral.
2. Qual é o nome daquela senhora .... cabelo branco?
3. Chegaram .... 8 horas .... ponto.
4. O português está .... as dez línguas mais faladas.
5. Os autocarros/BP Os ônibus partem ......dez .... dez minutos.
6. Estou .... cama há três dias.
7. A minha/BP Minha avó morreu .... dois anos.
8. O comboio/BP trem parte .... cinco minutos.
9. Estudei espanhol .... escola nocturna ...... quatro anos.
10. Vou viajar .... comboio/BP trem.
11. As escadas levam .... primeiro andar.
12. Agimos .... boa fé.
13. .... toque do sino são 12 horas.
14. Este rapaz/BP Esse garoto está grande .... a/BP (a) sua idade.
15. Estou .... um pouco .... febre.
16. O espanhol é a língua falada .... maioria .... países .... América latina.
17. Os alunos estão .... pé.
18. Estamos .... passagem.
19. Estamos .... um grave problema.
20. Estou .... dor .... cabeça.
21. .... quatro anos a Teresa/BP (a) Teresa já sabe ler e escrever.
22. Eu vou .... academia quatro vezes .... semana.
23. .... os dois há uma grande diferença de idades.

24. A proposta foi aprovada .... unanimidade.
25. Estou tão cansado que quase não me aguento ....pernas.

2. Por ou para?

1. Comprei esta blusa .... 20 euros.
2. Obrigado .... tudo.
3. Está demasiado frio/BP frío .... esta época do ano.
4. Falta um quarto .... as seis.
5. Os carros na Inglaterra circulam .... esquerda.
6. Este filme só é .... adultos.
7. .... mim, ela pode sair.
8. A situação modificou-se/BP se modificou .... melhor.
9. “Deve ser muito cansativo”, dizia .... si próprio.
10. Faça isso .... ele.
11. Fechado .... trabalhos de restauração.
12. Interesso-me/Eu me interesso sobretudo .... línguas românicas.
13. A temperature caiu ....dois graus abaixo de zero.
14. Recebi uma bicicleta .... meu aniversário.
15. Não tenho segredos .... a minha mulher/BP minha esposa.

3. Traduzir para português:

1. Mehrere Abgeordnete sind in diesen Skandal verwickelt.
2. Ich bin an dieser Stelle interessiert.
3. Niemand ist frei von Vorurteilen.
4. Diese Häuser sind typisch für diese Gegend.
5. Ich bin mit dem Verhalten der Schüler nicht zufrieden.
6. Ich bin von meinen Eltern finanziell abhängig.
7. Meiner Meinung nach ist er für diese Tätigkeit nicht geeignet.
8. Diese Äußerung ist symptomatisch für seine Denkweise.
9. Meine Frau ist gegen Sellerie allergisch.

10. Unser Sohn ist gut in Latein.
11. Unsere Tochter ist mit einem Griechen verheiratet.
12. Mein Mann ist in Geographie beschlagen.
13. Diese Gegend ist für ihre guten Weine berühmt.
14. Alle meine Kinder sind in Mathematik schwach.
15. Wir sind über die gegenwärtige politische Lage sehr beunruhigt.
16. Der Boden ist arm an Nährstoffen.
17. Wir sind für eure Hilfe sehr dankbar.
18. Gute Englischkenntnisse sind für diese Tätigkeit unerlässlich.
19. Roberto ist auf seine Schwester eifersüchtig.
20. Ich bin in sie verliebt.
21. Diese Früchte sind reich an Vitaminen.
22. Sie lebt seit drei Jahren von ihrem Mann getrennt.
23. Warum bist du mit deinem Leben unzufrieden?
24. Dieses Verhalten ist bezeichnend für seinen Egoismus.
25. Das Rauchen ist für die Gesundheit schädlich.
26. Wir sind auf unseren Sohn sehr stolz.
27. Meine Schwester ist neidisch auf mich.
28. Dieses Geschäft ist auf Damenhosen spezialisiert.
29. Um ein Volk gut zu kennen, muss man mit seinen Sitten und Gebräuchen vertraut sein.
30. Sie ist für Komplimente empfänglich.
31. Ich bin nicht auf dieses Geld angewiesen.
32. Dieser Lehrer ist bei seinen Schülern sehr beliebt.
33. Marias Vater war blind vor Wut.
34. Wer ist für diese Tat verantwortlich?
35. Wir sind mit dieser Lösung einverstanden.
36. Diese Verkäuferin ist zu allen Kunden freundlich.
37. Viele Briten sind über den Brexit unglücklich.
38. Diese Straße ist für den Verkehr geschlossen.

39. Warum bist du auf deinen Kollegen so wütend?
40. Wir sind von dem Ergebnis enttäuscht.
41. Die Innenstadt ist voll von Touristen.
42. Eleni ist auf die Reaktion ihrer Eltern gespannt.
43. Wir waren alle von dem Konzert begeistert.
44. Unsere Tochter ist für Fremdsprachen begabt.
45. Ich bin müde von der Reise.
46. Der Direktor ist neuen Vorschlägen gegenüber offen.
47. Ich bin im fünften Monat schwanger.
48. Wir sind an dieses Klima nicht gewöhnt.
49. Die Schüler sind mit der Übersetzung eines Textes ins Englische beschäftigt.
50. Ich bin mit meinen Hausaufgaben schon fertig.
51. Ich muss mit dem Essen vorsichtig sein.

4. Inserir as seguintes expressões:

abaixo de - acima de – além de – por amor a – apesar de – atrás de – através de – à base de – com base em – em colaboração com – comparado com - por conselho de – ao contrário de – nas costas de – por falta de – no final de – graças a – ao lado de – longe de – por motivos de – por ocasião de – a partir de – na presença de – no princípio de – em torno de – em vez de – em vista de – por volta de

1. O acusado foi absolvido .... provas.
2. Conseguimos a casa .... um corretor.
3. .... inglês, falo francês e espanhol.
4. A minha/BP Minha sogra não pode participar na/BP da viagem .... saúde.
5. A família turca vive dois andares .... nós.
6. .... ajuda do/BP de meu tio, passei no exame.
7. Recebemos este presente .... nossa boda de ouro.
8. .... tantas dificuldades, é melhor desistir deste plano.
9. O meu/BP Meu marido deixou de fumar .... do médico.

10. O autor foi condenado .... DNA.
11. .... mim, a minha mulher/BP minha esposa gosta de ir ao teatro.
12. Chegamos .... 20h.
13. O glossário está .... livro.
14. Pedi a couve-flor .... cenouras.
15. A pizzaria fica .... correios.
16. .... hoje, eu deixo de fumar.
17. Muitas pessoas vivem .... linha de pobreza.
18. Fiz isso .... minha mulher/BP minha esposa.
19. Vivemos .... centro da cidade.
20. A escola foi inaugurada .... presidente da Câmara /BP prefeito.
21. A Terra gira .... Sol.
22. Saímos .... chuva.
23. Sigo uma dieta .... vegetais.
24. Vamos casar .... julho.
25. A filha foi à discoteca .... pais.
26. Há um grande jardim .... casa.
27. Publiquei o livro .... um colega.
28. .... sul, o norte é muito mais desenvolvido.

5. Inserir as preposicões apropriadas:

1. a alusão .... seu vício
2. o país .... desenvolvimento
3. a intolerância .... glúten
4. a feira .... ladra/BP o mercado .... pulgas
5. o nascer .... sol
6. uma situação .... saída
7. o cinto .... segurança

8. fim .... si mesmo
9. o barco .... vela
10. a arma .... fogo
11. o trabalho .... turnos
12. a televisão .... satélite
13. a avaria .... motor
14. o crime .... a humanidade
15. o assalto .... banco
16. o leite .... lata
17. o baile .... máscaras
18. o acidente .... trabalho
19. o hóquei .... o gelo
20. as horas .... ponta
21. a tampa .... rosca
22. a dependência .... álcool
23. o entusiasmo .... futebal
24. a dedicação .... trabalho
25. o carinho .... avó
26. a antipatia .... chefe
27. a exclusão .... partido
28. o convite .... a inauguração

6. Traduzir para português:

1. der Verzicht auf Gewalt
2. der Weg zum Erfolg
3. der Mangel an Erfahrung
4. der Grund für die Entlassung
5. das Bedürfnis nach Zärtlichkeit
6. die Liebe zur Natur
7. das Interesse an der Malerei

8. Fragen zum Text
9. der Druck auf die Arbeiter
10. die Gewalt unter Jugendlichen
11. der Kampf gegen die Mafia
12. ein Hindernis für den Fortschritt
13. der Überfall auf einen Touristen
14. ein Interview mit dem Sänger
15. das Recht auf Entschädigung
16. der Geruch nach Gas
17. der Gedanke an den Tod
18. der Wunsch nach Frieden
19. die Angst vor dem Unwetter
20. der Aufruf zum Streik
21. der Kampf ums Überleben
22. der Einwand gegen den Vorschlag
23. die Hoffnung auf Besserung.
24. das Angebot an Parkplätzen
25. die Anstiftung zum Fremdenhass
26. die Armut an Rohstoffen
27. die Anwendung von Gewalt
28. das Engagement für den Frieden
29. der Respekt vor den Lehrern
30. der Zweifel an der Rechtmäßikeit
31. ein Verstoß gegen die Verkehrsordnung
32. die Allergie gegen Katzenhaare
33. die Ausnahme von der Regel
34. der Beweis für seine Unschuld
35. die Beziehung zu den Großeltern
36. die Bereitschaft zur Versöhnung
37. die Kontrolle über das Fahrzeug

38. die Vorräte an Lebensmitteln
39. der Eintritt ins Museum
40. die Aussicht auf Erfolg
41. die Begabung für Musik
42. der Hang zum Konsum

7. Traduzir para português 'an':

1. An der Kasse standen viele Leute.
2. Was hast du am Donnerstag gemacht?
3. Wir verbringen den Sommer am Meer.
4. An der Kreuzung kam es zu einem Unfall.
5. Wir steigen an der nächsten Haltestelle aus.
6. Ich habe mir an der Hand weh getan.
7. Wir wohnen nahe an der Autobahn.
8. Am Anfang hatte ich große Probleme.
9. Biegen Sie an der zweiten Ampel links ab.
10. Viele Grüße an deine Schwester.
11. Ich lerne an der Universität Griechisch.
12. An deiner Stelle würde ich es nicht machen.
13. Wir werden uns an Ostern wiedersehen.
14. Heute Morgen gehen wir an den Strand.
15. An Pfingsten fahren wir nach Florenz.
16. Was habt ihr am Wochenende gemacht?
17. Am Samstagmorgen sind wir einkaufen gegangen.
18. Wir saßen an einem Tisch am Fenster.
19. Die Metzgerei ist am Ende der Straße.
20. An welcher Schule unterrichten Sie?
21. Die Mutter nahm das Kind an die Hand.
22. Heidelberg liegt am Neckar.
23. Wie heißt die Bäckerei an der Ecke?

24. Ich muss mich dreimal am Tag spritzen.
25. Der Fußgänger ist am Unfallort gestorben.
26. Meine Eltern haben ein Haus am Stadtrand gekauft.
27. An diesem Abend war er betrunken.
28. Man muss den Hund an der Leine führen.
29. Das Kleid ist mir an der Schulter zu eng.
30. Ich habe den Schlüssel an der Rezeption abgegeben.
31. Was gefällt dir an dieser Wohnung nicht?
32. Wer ist an der Reihe?
33. Roberto sitzt an den Hausaufgaben.

8. Traduzir* para português 'an':

1. Was mir an ihm gefällt, ist sein Sinn für Humor.
2. Das Schlimme an der Sache ist, dass ich nichts für ihn tun kann.
3. Du hast an allem etwas auszusetzen.
4. Heutzutage sind Banküberfälle an der Tagesordnung.
5. Das Kleid ist mir an den Schultern ein wenig weit.
6. Die Wahrheit kommt stets ans Licht.
7. Das ist ein Verhalten, das ich an ihm nicht kannte.
8. Geh bitte ans Telefon.
9. Wir haben eine Woche an der Adria verbracht.
10. Ich habe mir den Kopf an der Tischkante angeschlagen.
11. Unser Chef stellt hohe Anforderungen an seine Mitarbeiter.
12. Bleiben Sie am Apparat!
13. Am besten wäre es, zu Hause zu bleiben.
14. Die Zahl der Menschen, die am Rand der Gesellschaft leben, nimmt ständig zu.
15. Wer ist an der Reihe?
16. Alle Pharmaka waren lange an Tieren getestet worden.
17. Ich habe eine Bitte an Sie.

18. Die Firma steht am Rande des Bankrotts.
19. Die Frau zitterte am ganzen Leib.
20. Ich habe mich an einer Gräte verschluckt.
21. Mein Bruder sitzt stundenlang am Computer.
22. Es besteht kein Zweifel an seiner Unschuld.
23. Nimm dir ein Beispiel an deinem Schwager!

9. Traduzir para português 'auf':

1. Letztes Jahr haben wir die Ferien auf Kreta verbracht.
2. Der Aschenbecher steht auf dem Tisch.
3. Heute muss ich auf den Markt gehen.
4. Gehen wir auf die Terrasse!
5. Es gibt keine schönere Stadt auf der Welt.
6. Schlagt eure Bücher auf Seite 25 auf!
7. Die Kinder spielen auf der Straße.
8. Ich bin auf dem Gehweg ausgerutscht.
9. Wir sind auf Wohnungssuche.
10. Auf Ihr Wohl!
11. Ich mache das auf jeden Fall.
12. Können Sie mir das auf der Karte zeigen?
13. Ich lese immer auf dem Klo.
14. Gehst du mit mir auf den Friedhof?
15. Ich würde gern auf dem Land leben.

10. Traduzir* para português 'auf':

1. Ihr Mann ist immer auf Achse.
2. Ich schlafe auf dem Bauch.
3. Sie nehmen ihn immer auf den Arm.
4. All das geht auf Kosten der Qualität.
5. Meine Frau befindet sich auf dem Weg der Besserung.

6. Auf meinen Kollegen ist Verlass.
7. Du gehst mir auf die Nerven.
8. Mario liegt immer noch seinen Eltern auf der Tasche.
9. Der Dieb wurde auf frischer Tat ertappt.
10. Der Radfahrer starb auf der Stelle.
11. Wir sind nur auf der Durchreise.
12. Das Fenster geht auf den Hof.
13. Mein Mann ist auf Geschäftsreise.
14. Du nimmst alles auf die leichte Schulter.
15. Mein Vater geht auf die Siebzig zu.
16. Du musst die Dinge auf dich zukommen lassen.
17. Ich habe es auf Umwegen erfahren.
18. Schon wieder ein Überfall auf das Konsulat.
19. Es handelt sich um eine auf Menschen übertragbare Krankheit.
20. Ich habe den Wecker auf 6 Uhr gestellt.
21. Haben Sie schon eine Antwort auf Ihren Brief erhalten?
22. Das Wort liegt mir auf der Zunge.
23. Ich bin leider nicht auf dem Laufenden.
24. Auf meine Bitte hin hat er sein Studium nicht abgebrochen.
25. Dieses Medikament gibt es nur auf Rezept.

11. Traduzir para português 'aus':

1. Ich bin aus Athen.
2. Es sind Studenten aus aller Welt da.
3. Wir haben aus Liebe geheiratet.
4. Ich habe die Nachricht aus der Zeitung erfahren.
5. Dieser Roman ist aus dem Deutschen übersetzt.
6. Meine Frau stammt aus einer Arztfamilie.
7. Ich habe es aus der Nähe gesehen.

8. Schau aus dem Fenster!
9. Ich habe ihn aus der Schule kommen sehen.
10. Die Frau hat aus Verzweiflung Selbstmord begangen.
11. Aus dieser Ehe sind zwei Kinder hervorgegangen.
12. Er hat seine Frau aus Eifersucht umgebracht.
13. Wir müssen einen Ausweg aus diesem Konflikt finden.
14. Ich habe das Auto aus zweiter Hand gekauft.
15. Dieses Wort stammt aus dem Griechischen.
16. Der Zug aus Rom hat eine halbe Stunde Verspätung.
17. Ich kann an der Tagung aus Zeitmangel nicht teilnehmen.
18. Ich habe die Daten aus Versehen gelöscht.
19. Ich weiß das aus zuverlässiger Quelle.
20. Öl wird aus Oliven gemacht.
21. Was ist aus ihm geworden?
22. Ich bin aus allen Wolken gefallen.
23. Darf ich Ihnen aus dem Mantel helfen?
24. Es ist fast unmöglich, ihn aus der Ruhe zu bringen.
25. Lassen Sie mich aus dem Spiel!
26. Das habe ich aus eigener Tasche bezahlt.
27. Ich habe ihn aus den Augen verloren.
28. Ich weiß es aus Erfahrung.

12. Traduzir para português 'außer':

1. Alle hatten die Hausaufgaben gemacht, außer Ricardo.
2. Der Lift ist außer Betrieb.
3. Dieses Gesetz ist seit dem 1. Mai außer Kraft.
4. Die Kinder waren außer Rand und Band.
5. Das Mädchen ist außer Lebensgefahr.
6. Außer Englisch spreche ich Französisch und Spanisch.
7. Im Augenblick bin ich außer Form.

8. Du bist ja ganz außer Puste!
9. Dieser Ausdruck ist außer Gebrauch gekommen.
10. Du hast zwei Faktoren außer Acht gelassen.
11. Wer kommt außer euch beiden noch?

13. Traduzir para português 'bei':

1. Maria ist beim Zahnarzt.
2. Sein Vetter arbeitet bei Fiat.
3. Ich kann mich bei diesem Lärm nicht konzentrieren.
4. Antonio wohnt nicht mehr bei seinen Eltern.
5. Bei schlechtem Wetter gehen wir nicht aus.
6. Das Mädchen kam bei einem Autounfall ums Leben
7. Es ist unmöglich, bei diesem Nebel weiterzufahren.
8. Wir wohnen bei der Schule.
9. Ich habe diese Produkte bei Lidl gekauft.
10. Heute Abend gibt es bei unserem Nachbarn ein Fest.
11. Bei deiner Erkältung solltest du lieber im Bett bleiben.
12. Bei wem hast du das gekauft?
13. Ich habe kein Geld bei mir.
14. Sie sind noch beim Essen.
15. Ich habe bei dir zu Hause angerufen.
16. Bei diesem Lehrer lernt man viel.
17. Die ganze Familie saß bei Tisch.
18. Beim Überqueren der Straße wurde das Kind von einem Auto erfasst.
19. Sie ist bei weitem intelligenter als ihr Bruder.
20. Mein Sohn weint bei der geringsten Kleinigkeit.
21. Ich nehme dich beim Wort.
22. Wir joggen bei jedem Wetter.

23. Gott sei Dank ist mein Vater noch bei guter Gesundheit.
24. Bei Nacht sind alle Katzen grau.
25. Ich schlafe immer bei offenem Fenster.
26. Der Appetit kommt beim Essen.
27. Du bist wohl nicht bei Verstand!
28. Ich habe mir beim Skilaufen das Bein gebrochen.
29. Ich bin nicht gut bei Kasse.
30. Bei ihm muss man sich auf alles gefasst machen.
31. Ich fühle mich wohl bei ihm.
32. Ich habe dieses Zitat bei Homer gefunden.
33. Beim Lernen brauche ich absolute Ruhe.
34. Hast du dich bei seiner Schwester entschuldigt?
35. Er packte den Dieb beim Arm.
36. Du musst bei dir selbst anfangen.
37. Ich habe mich bei SAP beworben.
38. Der Detektiv überraschte ihn beim Stehlen.
39. Wir müssen bei Null anfangen.
40. Wir werden ihn bei der Polizei anzeigen.
41. Ich werde mich bei ihrem Vorgesetzten beschweren.

14. Traduzir para português 'bis':

1. Heute arbeite ich bis sechs Uhr.
2. Tschüs bis morgen!
3. Das Wasser ging mir bis zur Schulter.
4. Alle waren da, bis auf Suzana.
5. Es sind nur noch wenige Tage bis Weihnachten.
6. Unser Geschäft bleibt bis auf weiteres geschlossen.
7. Bis zum nächsten Donnerstag muss die Arbeit beendet sein.
8. Ich habe bis spät in die Nacht gelesen.
9. Bis vor wenigen Jahren kannte ihn niemand.

15. Traduzir para português 'durch':

1. Der Dieb ist durch das Fenster eingestiegen.
2. Ich habe es durch seine Schwester erfahren.
3. Durch den Regen wurde die Straße unpassierbar.
4. Die Stadt wurde durch ein Erdbeben zerstört.
5. Die Demonstranten zogen durch die Straßen.
6. Mein Freund ist durch die Prüfung gefallen.
7. Wir haben eine Reise durch Südbrasilien gemacht.
8. Diese Wohnung haben wir durch einen Makler bekommen.
9. Der Schrank geht nicht durch die Tür.
10. Der Junge schaute durch das Schlüsselloch.
11. Durch Fehler lernt man.
12. Unser Chef spricht durch die Nase.
13. Durch vieles Rauchen hat er seine Gesundheit ruiniert.
14. Der Fahrer ist wie durch ein Wunder mit dem Leben davongekommen.
15. Ich habe es ihm durch die Blume gesagt.
16. Sie waren durch die Bank betrunken.
17. Ich habe die Stelle durch Beziehungen bekommen.
18. Der Minister glänzte durch Abwesenheit.

16. Traduzir para português 'für':

1. Was hast du für Maria gekauft?
2. Wie viel hast du für diesen Rock bezahlt?
3. Die Mädchen wollen für sich bleiben.
4. Danke für alles.
5. Die Straße ist für den Verkehr gesperrt.
6. Ich besuche einen Kurs für Anfänger.
7. Für sein Alter ist er schon sehr reif.
8. Welches sind die Gründe für diesen Misserfolg?
9. Dafür, dass er relativ klein ist, spielt er gut Basketball.

10. Leider hat unser Lehrer keinen Sinn für Humor.
11. Ich sage es dir ein für allemal.
12. Die gute Kondition der Mannschaft gab den Ausschlag für den Sieg.
13. Wir haben uns für den dritten Vorschlag ausgesprochen.
14. Diese Stelle ist ein gutes Beispiel für Coelhos Stil.
15. Ich bin für diese Lösung.
16. Das würde ich für alles in der Welt nicht tun.
17. Alles war für die Katz.
18. Wer hätte es je für möglich gehalten?
19. Für den Notfall habe ich noch 100 Euro.

17. Traduzir para português 'gegen':

1. Ich bin gegen diesen Vorschlag.
2. Ich habe nichts gegen ihn.
3. Die Großeltern kommen gegen 5 Uhr.
4. Er hat sie gegen den Willen seiner Eltern geheiratet.
5. Ich bin mit dem Kopf gegen die Tischkante gestoßen.
6. Verkauf gegen Barzahlung.
7. Gegen ihn bin ich ein Anfänger.
8. Wir werden gegen das Urteil Berufung einlegen.
9. Er wurde wegen Widerstands gegen die Staatsgewalt verurteilt.
10. Das geht mir gegen den Strich.
11. Sein Vater hat Vorurteile gegen Ausländer.

18. Traduzir para português 'hinter':

1. Er hat sich hinter dem Baum versteckt.
2. Ich bin froh, dass ich die Prüfung hinter mir habe.
3. Mein Freund hat schon zwei Ehen hinter sich.
4. Wir werden schon hinter die Wahrheit kommen.

5. Man weiß nicht, was sich hinter den Kulissen abspielt.
6. Daniel ist immer noch hinter ihr her.
7. Der Fahrer saß 15 Stunden ohne Unterbrechung hinter dem Lenkrad.
8. Die Sonne kam hinter den Bergen hervor.

19. Traduzir para português 'in':

1. Gehen wir ins Kino?
2. Heute Abend gehe ich ins Theater.
3. Was hast du in die Tasche gesteckt?
4. Bist du schon in Rom gewesen?
5. Wir fahren immer in die Berge.
6. Sonntags gehen wir in die Kirche.
7. Seine Frau ist im 5. Monat schwanger.
8. Im Alter von 60 Jahren begann mein Vater Russisch zu lernen.
9. In diesem Punkt sind wir uns alle einig
10. Übersetze diesen Satz ins Deutsche!
11. Ich wohne in der Stadt.
12. Unser Sohn studiert im Ausland.
13. Papa ist im Bad.
14. Mein Mann ist noch im Büro.
15. Gehst du mit uns in die Disko?
16. In welchem Stock wohnst du?
17. Ich werde in einer Woche abreisen.
18. Ich habe das Buch in zwei Tagen gelesen.
19. Heute gehe ich nicht in die Schule.
20. Mein Bruder arbeitet in der Fabrik.
21. Heute Nachmittag gehen wir in den Stadtpark.
22. Ich habe keine Lust, ins Konzert zu gehen.
23. Wir haben uns in einer Bar in der Innenstadt kennengelernt.
24. Das junge Paar ist in den Flitterwochen.
25. Ihm gehen zu viele Dinge im Kopf herum.

26. Er hat sich ins Bett gelegt.
27. Wir mussten in der glühenden Sonne arbeiten.
28. Ich gehe gern im Regen spazieren.
29. Im Hintergrund kann man den Schiefen Turm sehen.
30. Ich habe mir in den Finger geschnitten.
31. Federer hat in drei Sätzen gewonnen.
32. Ihre Papiere sind nicht in Ordnung.
33. Gibt es hier in der Nähe eine Werkstatt?
34. Angela will immer im Mittelpunkt der Aufmerksamkeit stehen.
35. Es ist noch kein Ende in Sicht.
36. Die Mehrwertsteuer ist im Preis enthalten.
37. Meine Tochter lebt in Brasilien.
38. Ein Blitz hat in den Kirchturm eingeschlagen.
39. Sie haben sich in beiderseitigem Einvernehmen getrennt.
40. Hast du im Wörterbuch nachgeschlagen?
41. Maia-Frauen haben im Durchschnitt sieben Kinder.
42. Ich rufe im Auftrag von Herrn Müller an.
43. Ich bin in den Wechseljahren.

20. Traduzir* para o português 'in':

1. Unser Sohn hat seinen Doktor in Jura gemacht.
2. Ihre Verlobung ist in die Brüche gegangen.
3. Entschuldigen Sie, ich habe mich in der Tür geirrt.
4. Die Polizei tappt weiterhin im Dunkeln.
5. Das kann ich im Schlaf.
6. Fasst den Inhalt in Stichworten zusammen!
7. Das würde mir nicht einmal im Traum einfallen.
8. Es geht in ein Ohr hinein und aus dem anderen hinaus.
9. Einem geschenkten Gaul schaut man nicht ins Maul.
10. Bei dem Essensgeruch läuft mir das Wasser im Mund zusammen.

11. Ich kaufe die Katze nicht im Sack.
12. Du fällst mir immer ins Wort.
13. Der Prozess wird sich in die Länge ziehen.
14. Im wievielten Monat ist sie?
15. Der Schaden geht in die Tausende.
16. Der Richter wurde in den Ruhestand versetzt.
17. In der Kurve geriet das Auto ins Schleudern.
18. Die Industrie befindet sich im Aufschwung.
19. Seine Eltern leben in Scheidung.
20. Es regnet in Strömen.
21. Die Explosion war im Umkreis von 10 Kilometern zu hören.
22. Ich habe das Buch im Internet bestellt.

21. Traduzir para português 'mit':

1. Heute Abend gehe ich mit Mario aus.
2. Meine Tochter hat mit 22 Jahren geheiratet.
3. Der Zug kommt mit zehn Minuten Verspätung an.
4. Wir wurden mit offenen Armen empfangen.
5. Mit dieser Brille sehe ich nicht viel.
6. Bist du mit den Hausaufgaben fertig?
7. Silvia liegt mit Fieber im Bett.
8. Er wurde mit großer Mehrheit wiedergewählt.
9. Wir fahren mit dem Zug nach Rom.
10. Mit der Zeit wird sich alles ändern.
11. Ich habe Probleme mit den Knien.
12. Kennst du das Mädchen mit dem roten Kleid?
13. Iss nicht mit den Fingern!
14. Was ist mit dir los?
15. Wir haben ein Zimmer mit Blick aufs Meer.
16. Was soll ich mit all diesem Kram?

17. Ich will mit ihm nichts zu tun haben.
18. Einige Frauen lagen mit nacktem Busen am Strand.
19. Italien gehört mit zu den schönsten Ländern der Welt.
20. Antonio zuckte nur mit den Schultern.
21. Meine Oma geht immer mit den Hühnern schlafen.
22. Er kam mit leeren Händen zurück.
23. Maria telefoniert mit ihrer Schwester.
24. Carlos spielt mit seinen Freunden Fußball.
25. Ich ging mit 63 in Rente.
26. Wie wär's mit einem Bier?
27. Erzähl die Geschichte mit deinen eigenen Worten.
28. Hör mit diesem Unsinn auf!
29. Heute Morgen bin ich mit Kopfschmerzen aufgewacht.
30. Bist du mit deinem Auto gekommen?
31. Ich verbrachte eine halbe Stunde mit dem Ausfüllen des Formulars.
32. Mit freundlichen Grüßen ...
33. Ich habe mit ja gestimmt.
34. Ich will, dass ihr mit Tinte schreibt.
35. Ich fliege immer mit Lufthansa.
36. Kann ich mit Karte bezahlen?
37. Ich habe es nicht mit Absicht getan.
38. Die meisten Leute verbringen ihre Freizeit mit Fernsehen.
39. Kannst du mit Stäbchen essen?
40. Sie konnte ihr Haus mit Gewinn verkaufen.
41. Er spricht Deutsch mit amerikanischem Akzent.
42. Bist du mit dem Bus gekommen?
43. Die Polizei öffnete die Tür mit Gewalt.
44. Wir mussten uns mit Gesten verständigen.
45. Man zeigt nicht mit dem Finger auf die Leute.

22. Traduzir* para português 'mit':

1. Man muss versuchen, das Angenehme mit dem Nützlichen zu verbinden.
2. Wir werden es mit vereinten Kräften schaffen.
3. Du träumst mit offenen Augen.
4. Man muss mit gutem Beispiel vorangehen.
5. Der Junge ist mit dem Kopf auf den Gehweg geschlagen.
6. Wir sind mit heiler Haut davongekommen.
7. So schlagen wir zwei Fliegen mit einer Klappe.
8. Deutschland steht mit einem Bein im Halbfinale.
9. Mit der Wirtschaft geht es aufwärts.
10. Unser Sohn hat mit Ach und Krach die Prüfung bestanden.
11. Das geht nicht mit rechten Dingen zu.
12. Der Angeklagte ist mit einem milden Urteil davongekommen.
13. Lass dich nicht mit schönen Worten abspeisen.
14. Wir haben dem Vorschlag mit gemischten Gefühlen zugestimmt.
15. Es ist ein Film mit Sean Connery in der Hauptrolle.
16. Das Paar verließ das Land mit unbekanntem Ziel.
17. Hör bitte auf, mit den Fingern zu schnalzen!
18. Man spricht nicht mit vollem Mund.

23. Traduzir para português 'nach':

1. Dieses Jahr fahren wir nach Sardinien.
2. Nach dem Abendessen gehen wir ins Kino.
3. Gehst du schon nach Hause?
4. Der Zug nach Rom fährt in fünf Minuten ab.
5. Mein Mann raucht eine Zigarette nach der anderen.
6. Du bist nach mir angekommen.
7. Meiner Meinung nach hat deine Frau recht.
8. Ich kenne ihn nur dem Namen nach.

9. Sein Bedürfnis nach Unabhängigkeit ist sehr stark.
10. Es ist zehn nach fünf.
11. Nach meiner Uhr ist es zehn.
12. Seinem Akzent nach ist er Engländer.
13. Mein Zimmer liegt nach dem Garten.
14. Seine Frau ist nach der neuesten Mode gekleidet.
15. Nach dem Aussehen ist er Amerikaner.
16. Das ist nicht nach meinem Geschmack.
17. Alles läuft nach Plan/Wunsch.
18. Der Junge machte einen Schritt nach hinten.
19. Wir sind alle auf der Suche nach dem Glück.

24. Traduzir para português 'über':

1. Ich habe ein Buch über Portugal gelesen.
2. Über uns wohnt eine italienische Familie.
3. Mein Opa ist über 80.
4. Fahren Sie über die Brücke und biegen Sie dann links ab.
5. Fußball geht ihm über alles.
6. Kann ich über Nacht bei euch bleiben?
7. Im Diktat hast du Fehler über Fehler gemacht.
8. Was hast du die ganze Zeit über gemacht?
9. Über dem Stadion kreiste ein Hubschrauber der Polizei.
10. Der Fluss trat über die Ufer.
11. Wir sind über Florenz nach Rom gefahren.
12. Seine Leistungen liegen über dem Durchschnitt.
13. Ich habe bis um zwei Uhr nachts über den Büchern gesessen.
14. Über kurz oder lang wirst du begreifen, dass du einen Fehler gemacht hast.
15. Ich kann italienisches Fernsehen über Satellit empfangen.
16. Das geht über meinen Verstand.

17. Mein Chef geht über Leichen.
18. Lehn dich nicht über das Geländer!
19. Sein Sohn lebt über seine Verhältnisse.
20. Es geht nichts über eine gute Tasse Kaffee.
21. Nur über meine Leiche!

25. Traduzir para português 'um':

1. Der Zug kommt um 15.03 an.
2. Sein Sohn ist bei einem Autounfall ums Leben gekommen.
3. Die Erde dreht sich um die Sonne.
4. Schade um die verlorene Zeit!
5. Um Gottes willen!
6. Um die Burg herum verläuft ein tiefer Graben.
7. Plötzlich kam ein Mann um die Ecke.
8. Es waren um die 6000 Zuschauer im Stadion.
9. Um diese Zeit sind immer viele Leute da.
10. Viel Lärm um nichts.
11. Die Zinsen sind um 3% gestiegen.
12. Um ein Haar wäre das Kind unter die Straßenbahn gekommen.
13. Der Tod seiner Tochter hat ihn um den Verstand gebracht.
14. Du bist nie um eine Ausrede verlegen.
15. Je früher wir anfangen, um so schneller sind wir fertig.

26. Traduzir para português 'unter':

1. Das Heft liegt unter den Büchern.
2. Angela ist unter der Dusche. está no duche
3. Es ist zehn Grad unter Null.
4. Unter uns wohnt eine spanische Familie.
5. Ich habe den Schlüssel unter die Fußmatte gelegt.
6. Unter uns gibt es einen Verräter.

7. Man muss die Sache unter einem anderen Gesichtspunkt betrachten.
8. Unter Julius II. wurden außergewöhnliche Werke begonnen.
9. Unter www.... findet man weitere Informationen.
10. Ich bin gerne unter Menschen.

27. Traduzir* para português 'unter':

1. Seine Noten liegen immer unter dem Durchschnitt.
2. Der Prozess findet unter Ausschluss der Öffentlichkeit statt.
3. Das ganze Bad stand unter Wasser.
4. Die Opposition setzt die Regierung unter Druck.
5. Unter uns gesagt haben sie recht.
6. Unter Tränen gestand das Mädchen die Wahrheit.
7. Sie hatte Ringe unter den Augen.
8. Er sagte es mir unter dem Siegel der Verschwiegenheit.
9. Wie soll man alle diese Meinungen unter einen Hut bringen?
10. Höchstwahrscheinlich wird er unters Messer müssen.
11. Wir stehen unter Zeitdruck.
12. Unter diesen Umständen kann ich nicht weiterarbeiten.
13. Das müssen wir unter allen Umständen vermeiden.
14. Die Leistung unserer Mannschaft war unter aller Kritik.
15. Das ist unter meinem Niveau.
16. Das Gehäuse des Fernsehers stand unter Strom.
17. Diese Aktion steht unter dem Schutz der Vereinten Nationen.
18. Ich werde das Gemälde nicht unter Preis verkaufen.
19. Es gab viele Opfer unter der Zivilbevölkerung.
20. Jugendlichen unter 18 Jahren ist der Zutritt verboten.
21. Die Veranstaltung findet unter der Schirmherrschaft des Ministerpräsidenten statt.
22. Unter 350.000 Euro verkaufe ich das Haus nicht.

23. Du kannst mich immer unter meiner Handynummer erreichen.
24. Das bleibt unter uns.

28. Traduzir para português 'von':

1. Was willst du von mir?
2. Hast du dich schon von den Großeltern verabschiedet?
3. Ich bin nicht von hier.
4. Ich hole ihn vom Bahnhof ab.
5. Laura erwartet ein Kind von ihm.
6. Ich habe noch kein Geld von zu Hause erhalten.
7. Herr Rossi ist ein Kollege von mir.
8. Heute haben wir von 15 bis 22 Uhr gearbeitet.
9. Ich möchte lieber ein Bier vom Fass.
10. Drei von zehn Deutschen sind dafür.
11. Von morgen ab rauche ich nicht mehr.
12. Ich wusste schon von vornherein, dass das nicht stimmte.
13. Von nichts kommt nichts.
14. Ich kenne Mario von Kindheit an.
15. Seitdem er in Brasilien ist, hat er kein Lebenszeichen mehr von sich gegeben.

29. Traduzir para português 'vor':

1. Wir haben uns vor dem Bahnhof getroffen.
2. Ich kann heute nicht vor 5 Uhr kommen.
3. Es war die Ruhe vor dem Sturm.
4. Der Zug ist vor zehn Minuten abgefahren.
5. Ich zitterte vor Angst.
6. Angelo ist vor dir angekommen.
7. Rom wurde 753 v. Chr. gegründet.
8. Ich habe vor Hunden Angst.
9. Wir werden uns vor Gericht wiedersehen!
10. In diesem Viertel wohnen vor allem Ausländer.

30. Traduzir* para português 'vor':

1. Es ist frustrierend, vor leeren Rängen Fußball zu spielen.
2. Vor allen Dingen müssen wir einen Stürmer verpflichten.
3. Der Vorfall hat sich vor meinen Augen abgespielt.
4. Vor lauter Schmerzen konnte ich kein Wort hervorbringen.
5. Vor Taschendieben wird gewarnt.
6. Unser Sohn stellt uns immer vor vollendete Tatsachen.
7. Ich habe nicht alle Papiere vor Ablauf der Meldefrist bekommen.
8. Ich konnte mich vor Müdigkeit nicht mehr auf den Beinen halten.

31. Traduzir para português 'zu':

1. Ich lade dich zum Abendessen ein.
2. Heute Abend gehe ich zu Maria.
3. Ich muss zum Augenarzt gehen.
4. Wir bleiben zu Hause.
5. Ich bin zum ersten Mal hier.
6. Zum Glück war die Post noch geöffnet.
7. Was trinkst du zum Fisch?
8. Ist das der Weg zum Bahnhof?
9. Mein Sohn wirft sein Geld zum Fenster hinaus.
10. Du bist zum richtigen Zeitpunkt gekommen.
11. Im Lateinischen zum Beispiel gibt es keinen Artikel.
12. Komm zu mir her!
13. Wir haben bei Stefano zu Hause gefeiert.
14. Sonntags gehe ich zur Messe.
15. Das stimmt, aber nur zum Teil.
16. Dieses Buch habe ich zum halben Preis bekommen.
17. Du bist nie aufrichtig zu mir.
18. Zum Glück hast du dir nicht wehgetan.
19. Mein Kollege ist nicht zur Arbeit erschienen.
20. Ich gehe noch zur Schule.

32. Traduzir* para o português 'zu':

1. Diese Bluse passt gut zu deinem grünen Rock.
2. Was sagst du zu diesem Vorschlag?
3. Das ist zum Kotzen!
4. Diese Reaktion war zu erwarten.
5. Zu meinem großen Bedauern hat er mein Angebot nicht angenommen.
6. Die Strafe wurde zur Bewährung ausgesetzt.
7. Ich bin nicht gut zu Fuß.
8. Zu meiner Zeit gab es noch kein Handy.
9. Morgen muss ich ins Krankenhaus zum Röntgen.
10. Eine Gruppe Terroristen hat sich zu dem Anschlag bekannt.
11. Wir hoffen, dass er zur Vernunft kommt.
12. Ich nehme das Menu zu 20 Euro.
13. Wir könnten zur Abwechslung ins Theater gehen.
14. Lasst uns gleich zum Thema kommen.
15. Dieser Gürtel gehört zur schwarzen Hose.
16. Zu meiner großen Schande muss ich gestehen, dass ich unseren Hochzeitstag vergessen hatte.
17. Zu allem Unglück hatte ich den Hausschlüssel vergessen.
18. Du hast dich zu Recht beschwert.
19. Er hat mich zum Lachen gebracht.
20. Seine Tochter hat das Zeug zur Pianistin.
21. Zum Abschluss möchte ich einen Vers von Horaz zitieren.

33. Traduzir para português:

1. Der Platz gegenüber von ihr war frei.
2. Die Bar ist neben dem Kino.
3. Könnte ich Kartoffeln statt Reis haben?
4. Während der Demonstration kam es zu Ausschreitungen.
5. Trotz des schlechten Wetters machten wir uns auf den Weg.

6. Außerhalb der Stadt sind die Grundstücke billiger.
7. Herr Müller wird innerhalb der nächsten Stunde anrufen.
8. Dank deiner Hilfe konnte ich die Arbeit rechtzeitig abschließen.
9. Sie werden binnen einer Woche eine Antwort erhalten.
10. Wegen technischer Probleme musste die Aufführung verschoben werden.
11. Das Museum befindet sich jenseits des Flusses.
12. Seinem Wunsch gemäß studierte sein Sohn Jura.
13. Laut Wetterbericht soll es in den nächsten Tagen schön bleiben.
14. Die Temperatur schwankt zwischen 10 und 20 Grad.
15. Ich kann mich nicht beklagen. Mir gegenüber war er immer freundlich.
16. Ich lerne seit drei Jahren Deutsch.
17. Ab nächster Woche werde ich in Recife arbeiten.
18. Aufgrund des schlechten Wetters wurde der Ausflug abgesagt.
19. Die Villa befindet sich ein wenig außerhalb des Dorfes.
20. Während meines Studiums habe ich im Krankenhaus ein Praktikum gemacht.
21. Wir haben es trotz großer Schwierigkeiten geschafft.
22. Dem Obduktionsbericht zufolge handelt es sich um Selbstmord.
23. Ich nehme den Kaffee ohne Zucker.
24. Der Angeklagte wurde mangels Beweisen freigesprochen.
25. Ich schicke Ihnen das Angebot per Fax.
26. Wegen Restaurationsarbeiten geschlossen.
27. Für den Ausflug haben wir 40 Euro pro Kopf bezahlt.
28. Wir gingen den Fluss entlang, als wir Schreie hörten.
29. Blusen ab 20 Euro.
30. Der Mörder wurde anhand der vorliegenden Beweise verurteilt.
31. Infolge der starken Regenfälle sind diese Wege unpassierbar geworden.
32. Wider Erwarten hat er die Prüfung nicht bestanden.

Capítulo 27 A estrutura da oração no português (P.G. §§ 299-316)

1. Traduzir para português:

1. Sind die Kinder im Garten?
2. Sind Sie Deutsche?
3. Lernt deine Schwester Deutsch?
4. Hast du Zeit?
5. Wo ist sie?
6. Wo ist die Toilette?
7. Wann bist du aufgestanden?
8. Wann ist dein Bruder aufgestanden?
9. Wie alt ist deine Schwester?
10. Warum hatte das Kind Angst?
11. Was wird Manuel seinen Eltern sagen?
12. Wann hat deine Schwester diesen Entschluss gefasst?
13. Inwiefern haben sich die Lebensbedingungen geändert?
14. Um wie viel Uhr wird das Spiel übertragen?
15. Hat jemand den Chef gesehen?
16. Ich weiß nicht, warum mein Kollege entlassen worden ist.
17. Um wie viel Uhr kommt der Zug?
18. Meine jüngere Tochter wurde 2014 in Berlin geboren.
19. Die Krankheit, an der mein Schwager leidet, ist sehr schwer.
20. Das ist die gleiche Uhr, die mir mein Mann zum Geburtstag geschenkt hat.
21. Der Lehrer bringt den Schülern Italienisch bei.
22. Ich habe meinen Großeltern eine Karte geschickt.
23. Ich habe mich bei meinem Kollegen wegen meines schlechten Benehmens entschuldigt.
24. Welches sind Ihrer Meinung nach die verschiedenen Gefahren, die unsere Umwelt bedrohen?

25. Mein Bruder hat die Fenster offen gelassen.
26. Nach dem Mittagessen haben wir uns auf die Terrasse gesetzt.
27. Gestern Abend habe ich deinen Kollegen im Restaurant getroffen.
28. Zu meiner großen Überraschung war er schon weg.
29. Mein Vater arbeitet bei BMW.
30. Ich fahre mit dem Zug nach Lissabon.
31. Schon kommt das Essen.
32. Herein kommt die Nummer 15, hinaus geht die Nummer 8.
33. "Ich würde es nicht machen", sagte mein Vater.
34. Es herrschte absolute Stille.

2. Pôr as partes em itálico no início da frase:

1. Nós fazemos *o trabalho doméstico* juntos.
2. Leio *o jornal* todos os dias.
3. Farei *alguma coisa*, mas ainda não sei o quê.
4. Vejo-*o* duas vezes por semana.
5. Até uma criança sabe *isso*.
6. O meu/BP Meu marido fala *alemão* muito bem.

3. Traduzir para português:

1. Das letzte Stück müssen wir zu Fuß gehen.
2. Meine Frau habe ich in London kennengelernt.
3. Die Bücher habe ich zum halben Preis bekommen.
4. Die Frau kenne ich nicht.
5. Sie (= diese Frau) kenne ich nicht.
6. Englisch spricht sie sehr gut.
7. Die Rechnungen habe ich schon bezahlt.
8. Die Übersetzung werde ich morgen machen.
9. Diese Medikamente nehme ich regelmäßig.

4. Traduzir para português:

1. Viele Gedichte kenne ich auswendig.
2. So eine Küche hatte ich nie.
3. Einen richtigen Freund hat sie noch nicht.
4. Viel wissen wir nicht.
5. Feigen haben wir keine.
6. Ideen hat er viele.
7. Die Fragen stelle ich!
8. Drei Brötchen hast du gegessen, nicht zwei!

5. Enfatizar* as partes em itálico:

1. *O meu/*BP *Meu colega* resolveu o problema.
2. *As crianças* preocupam-me/BP me preocupam.
3. Ela preocupa-se *com a sua amiga* /BP se preocupa *com sua amiga.*
4. *O teu/*BP *Seu pai* tinha razão.
5. Quero *um café*.
6. Os empregados queixam-se/BP se queixam *do péssimo ambiente de trabalho.*

6. Traduzir* para português:

1. Am besten tanzt Helena.
2. An der Stimme habe ich ihn erkannt.
3. So musst du spielen.
4. Heiraten wird er sie nicht.
5. Verrückt ist er.
6. Arzt ist er.
7. Gegessen wird zu Hause.
8. Gehört habe ich ihn, aber nicht gesehen.
9. Das habe ich nicht bestellt.
10. Die spinnen, die Römer.

Capítulo 28 O discurso indireto (P.G. §§ 317-320)

1. Completar as seguintes frases:

1. "Não me sinto bem."

   O menino diz que

   ....

2. "Não sei."

   O aluno disse que ....

3. "Em breve vou casar-me."

   A Maria disse-me/BP (A) Maria me disse com um sorriso no rosto que ....

4. "Nós não te vimos."

   Eles responderam que

   ....

5. "Nós ajudaremos você."

   Os meus/BP Meus amigos prometeram que ....

6. "Não se preocupem!"

   O diretor disse aos pais do menino que

   ....

7. "Estou absolutamente certo de que o governo será capaz de lidar com esse problema."

   O ministro disse que

   ....

8. "Eu não fiz isso de propósito."

   Ele dirá que

   ....

9. "Vou trabalhar mais."

   A Liz/BP (A) Liz prometeu à professora que

   ....

10. "Eu não entendi a pergunta."

    O aluno disse ao professor que ....

11. "Você fez progresso."

    O meu/BP Meu professor me disse que ....

12. "Se você não se comportar corretamente, haverá problemas."

    O professor disse ao aluno que ....

13. "Continuarei a escrever/BP escrevendo enquanto estiver vivo/viver".

    O autor disse que

    ....

2. Traduzir para português:

1. „Ich weiß es nicht."

   Der Schüler sagt, dass er es nicht wisse.

2. „Wir haben kein Geld."

   Die Eltern sagten, dass sie kein Geld hätten.

3. „Ich rufe euch an, sobald ich in Paris ankomme."

   Unser Sohn hatte versprochen, er werde uns anrufen, sobald er in Paris ankomme.

4. „Wir werden nur standesamtlich heiraten."

   Manuel und Luisa sagten, sie würden nur standesamtlich heiraten.

5. „Bitte fahren Sie schneller, weil ich so schnell wie möglich den Flughafen erreichen muss; sonst werde ich meinen Flug nach London verpassen."

   Der Fahrgast bat den Taxifahrer, schneller zu fahren, weil er so schnell wie möglich den Flughafen erreichen müsse; sonst werde er seinen Flug nach London verpassen.

6. „Ich habe so reagiert, weil ein Mitschüler mich beleidigt hat."

   Der Junge sagte, er habe so reagiert, weil ein Mitschüler ihn beleidigt habe.

7. „Meiner Schwester geht es wieder besser."

   Petra sagte, dass es ihrer Schwester wieder besser gehe.

8. „Verzeih mir, es wird nicht mehr geschehen.“

   Er sagte mir unter Tränen, ich solle ihm verzeihen, es werde nicht mehr geschehen.

9. „Solange du keine 18 bist, fährst du nicht allein in die Ferien.”

   Der Vater sagte zu seiner Tochter, solange sie keine 18 sei, sie nicht allein in die Ferien fahren dürfe.

10. „Ich werde in der nächsten Woche verreisen.“

    Er sagte damals, dass er in der darauffolgenden Woche verreisen werde.

11. „Ich wusste das damals nicht.“

    Der Verkäufer versicherte mir, dass er das damals nicht gewusst habe.

12. „Wir werden uns um die Angelegenheit kümmern.“

    Ich antwortete meinem Freund, wir würden uns um die Angelegenheit kümmern.

13. „Ich kann heute nicht arbeiten, weil ich eine Darmgrippe habe.“

    Frau Meier hat angerufen, sie könne heute nicht zur Arbeit kommen, weil sie eine Darmgrippe habe.

14. „Ich werde die Prüfung bestehen.“

    Martina glaubt, sie werde die Prüfung bestehen.

15. „Ich habe den Räuber aus der Bank rennen sehen.“

    Der Zeuge berichtete, er habe den Räuber aus der Bank rennen sehen.

16. „Wir sind mit dieser Lösung zufrieden.“

    Meine Eltern sagten, dass sie mit dieser Lösung zufrieden seien.

17. „Ich will mit diesem Menschen nichts mehr zu tun haben.“

    Meine Freundin erklärte, sie wolle mit diesem Menschen nichts mehr zu tun haben.

18. „Ich muss einen Arzt aufsuchen.“

    Mein Vater meinte, er müsse einen Arzt aufsuchen.

19. „Ich kann mir nicht sicher sein, dass er sein Wort halten wird, weil er mich schon mehrere Male enttäuscht hat."

Meine Schwester sagte, sie könne sich nicht sicher sein, dass er sein Wort halten werde, weil er sie schon mehrere Male enttäuscht habe.

20. „Die Mechaniker sind gegangen und werden erst morgen wiederkommen."

Ein Angestellter der Tankstelle hatte mir damals gesagt, die Mechaniker seien gegangen und würden erst am nächsten/ folgenden Tag wiederkommen.

21. „Die Kriminalität würde abnehmen, wenn man die Droge legalisieren würde."

Der Staatsanwalt behauptete, die Kriminalität würde abnehmen, wenn man die Droge legalisieren würde.

22. „Es ist jetzt zu spät. Ich werde es nie erfahren."

Der junge Mann sagte, es sei jetzt zu spät. Er werde es nie erfahren.

23. „Ich bin zufrieden mit meinem Leben."

Der Mann sagte, er sei zufrieden mit seinem Leben.

24. „Ich würde gerne in Urlaub fahren, aber ich kann mir das nicht leisten."

Mein Nachbar erklärte, er würde gerne in Urlaub fahren, aber er könne sich das nicht leisten.

25. „Wir haben den Film schon dreimal gesehen."

Die Mädchen sagten, sie hätten den Film schon dreimal gesehen.

26. „Ich werde nur Anwesenheit meines Anwalts reden."

Die Frau erklärte, sie werde nur in Anwesenheit ihres Anwalts reden.

27. „Hören Sie mit dem Rauchen auf!"

Der Arzt hatte meinem Mann mehrmals gesagt, er solle mit dem Rauchen aufhören.

28. „Ich bin mit 18 schwanger geworden."

Die Frau erzählte, dass sie mit 18 schwanger geworden sei.

29. „Ich werde dir eine schöne Geschichte erzählen, wenn du versprichst, brav zu sein, und wenn du dann, ohne zu weinen, ins Bett gehst."

    Die Oma sagte ihrem Enkel, sie werde ihm eine schöne Geschichte erzählen, wenn er verspreche, brav zu sein und wenn er dann, ohne zu weinen, ins Bett gehe.

30. „Wenn ich ein Kind bekomme, werde ich aufhören zu arbeiten, aber falls es ein finanzielles Problem gibt, werde ich wieder anfangen zu arbeiten."

    Sandra sagte neulich, dass, wenn sie ein Kind bekomme, sie aufhören werde zu arbeiten, aber falls es ein finanzielles Problem gebe, sie wieder anfangen zu arbeiten.

31. „Ich werde dir Bescheid geben, sobald ich die nötigen Informationen habe."

    Der Kollege sagte mir, er werde mir Bescheid geben, sobald er die nötigen Informationen habe.

32. „Wenn die Römer Latein hätten lernen müssen, hätten sie nie die Zeit gefunden, die Welt zu erobern.

    Heinrich Heine sagte, dass, wenn die Römer hätten Latein lernen müssen, sie nie die Zeit gefunden hätten, die Welt zu erobern.

33. „Ich habe die Frau überfallen, weil ich drogenabhängig bin und Geld gebraucht habe, um mir Heroin zu beschaffen."

    Der Angeklagte sagte, er habe die Frau überfallen, weil er drogenabhängig sei und Geld gebraucht habe, um sich Heroin zu beschaffen.

34. „Ich werde niemand davon erzählen."

    Tom versprach, dass er niemand davon erzählen werde.

3. Traduzir para português:

1. Er weiß nicht, was Liebe ist.
2. Ich weiß nicht, ob er kommen wird.
3. Ich wusste nicht mehr, was «gähnen» auf Englisch heißt.
4. Sag mir, was er dir geantwortet hat.
5. Er sagte mir nicht, wer angerufen hatte.

6. Ich fragte ihn, ob er ihn kenne.
7. Merkst du nicht, wie sehr er in dich verliebt ist?
8. Wir wussten nicht, wie wir uns verhalten sollten.
9. Meine Frau weiß nie, was sie anziehen soll.
10. Wir wussten nicht, ob sie würden kommen können.
11. Das Problem ist, wie man die Arbeitslosenzahl reduzieren kann.
12. Wir wussten nicht, wie sich unser Sohn verhalten würde.
13. Es ist schwer zu sagen, wer der beste Torwart der Welt ist.
14. Können Sie mir sagen, wo das Hotel Astor ist?
15. Frag ihn, ob er Lust hat, mit uns ins Kino zu gehen..
16. Lisa fragte ihre Mutter, ob sie mit ihr am Tag darauf in die Stadt gehe.
17. Ich weiß nicht, wer das gesagt hat.
18. Sie hat mir nicht gesagt, warum sie sich scheiden lassen wollen.
19. Ich kann mir nicht vorstellen, wie das funktionieren soll.
20. Können Sie mir sagen, wo das Hotel Colonial ist?
21. Ich kann dir nicht sagen, wem diese Tasche gehört.
22. Mein Chef fragte mich, ob ich bereit sei, diese Aufgabe zu übernehmen.
23. Kannst du mir erklären, wie eine Power-Point-Präsentation geht?
24. Der Personalchef fragte mich, ob ich gut Englisch könne.
25. Ich weiß nicht, wen sie noch eingeladen haben.
26. Es würde mich interessieren, wie er die Prüfung geschafft hat.
27. Ich möchte gerne wissen, wer meine Erdnüsse gegessen hat.
28. Weißt du, wann dieses Gesetz in Kraft getreten ist?
29. Ich bin gespannt, wer den Kampf gewinnen wird.
30. Ich fragte sie, wie ich ihr helfen könne.
31. Sie will mir nicht sagen, mit wem sie aus war.
32. Der Polizist wollte wissen, wessen Auto das sei.
33. Weißt du, an welcher Haltestelle wir aussteigen müssen?

Chave

Lösungen von Kapitel 1

1. 1. polícia 2. poesia 3. agência 4. açúcar em pó 5. álcool 6. academia 7. orquídea 8. oásis 9. farmácia 10. juiz 11. o avô 12. mês 13. órfão 14. relâmpago 15. estômago 16. saúde 17. biénio/BP biênio 18. pêssego 19. egocêntrico 20. enciclopédia 21. estratégia 22. económico/BP econômico 23. gladíolo 24. democracia 25. fazê-lo 26. lições 27. peão 28. juíza 29. anéis 30. avós 31. maracujá 32. fotocópia 33. paciência 34. vêem 35. fôssemos 36. dói 37. louça 38. crêem 39. lês

2. 1. girafa 2. câmara 3. fiquei 4. meses 5. pôs/pés/pus 6. dirijo 7. perfume 8. telemóvel 9. múmia 10. assassinar 11. gerente 12. cancerígeno 13. manjerona 14. assembleia 15. vulcão 16. gengibre 17. carnaval 18. marmelada 19. cabo/calo/cano/caro/caso 20. regra 21. cafeína 22. latim 23. amnistia 24. bolsa 25. batatas 26. cozer/coser 27. gorjeta 28. colher 29. muçulmano 30. museu 31. azeitona 32. gravata 33. réu 34. túlipa 35. rainha 36. sabe/sobe 37. valho 38. queijo/queixo 39. progride 40. monge 41. ninho 42. milagre 43. maciço 44. luxo/luso/luto

3. 1. exceção 2. opção 3. ações 4. expectativas/expetativas 5. fatura 6. redução 7. instruções 8. abstratas 9. contração 10. ótima 11. infeção 12. factos/ BP fatos 13. atração 14. subtração 15. redacções/BP redações 16. extração 17. obstrução 18. ator 19. tração 20. ótica 21. objeções, projeto 22. injeção 23. objetivos 24. helicóptero 25. fatores 26. espetáculo 27. atualmente

Lösungen von Kapitel 2

1. 1. o 2. uma 3. o 4. O/A, o 5. uma 6. o 7. O, do 8. O 9. um 10. uma 11. As 12. um 13. A 14. O, azedo 15. um, pontudo

2. 1. Chegou mais um grupo de turistas. 2. Uma testemunha assistiu ao ataque. 3. Eu tenho uma conta no banco. 4. Isso foi a ruína da empresa. 5. Onde compraste/BP você comprou os pistaches/pistachos/pistácios? 6. Por favor, envia-me/BP envie-me um e-mail. 7. A sala estava cheia. 8. Ele fez um gesto obsceno. 9. O debate durou mais de cinco horas. 10. Gostas/BP Você gosta do uniforme da polícia? 11. O bronze é uma liga de cobre e estanho. 12. Finalmente chegámos/BP chegamos a um oásis. 13. Vou pôr/BP colocar um anúncio no jornal. 14. O violino é um instrumento difícil de aprender. 15. Vou tomar uma vodka com gelo. 16. Este é um novo método. 17. A insulina é uma hormona produzida/BP um hormônio produzido pelo pâncreas. 18. Gostaria de participar num/BP dum safari pelo Quénia/Quênia. 19. Na/BP auch: Em minha opinião, a tarifa é muito alta. 20. É uma orquestra sinfónica/ BP sinfônica muito conhecida. 21. Os tomates ainda estão verdes. 22. Os frescos/BP afrescos desta capela datam do século XIII. 23. Eu tenho que regar os gerânios. 24. O calor abre os poros da pele. 25. A orina produz-se/BP se produz nos rins. 26. O software não funciona bem. 27. Há um gráfico muito interessante na página 20. 28. O Danúbio nasce na Floresta Negra. 29. O gótico desapareceu com a chegada do Renascimento. 30. Este episódio mostra o cará(c)ter inflexível dele. 31. Este ano o dividendo é muito pequeno. 32. Há muita cafeína nesta bebida. 33. Eu não vi a final do torneio. 34. Gibraltar é um enclave britânico no sul da Península Ibérica. 35. Este broche é muito precioso. 36. Quem fundou a Ordem dos Jesuitas? 37. Qual é o nome do egiptólogo francês que decifrou os hieróglifos? 38. Não se sabe a origem desta palavra. 39. No ano passado, passámos/BP passamos as férias no Adriático. 40. Neste momento, os controlos/BP controles nos aeroportos são muito rígidos.

3. 1. A minha/BP Minha irmã é pianista. 2. A minha/BP Minha nora é enfermeira. 3. A minha mulier/BP Minha esposa é médica 4. Ajoelhou-se diante da rainha. 5. A empregada de mesa/BP garçonete foi muito amável. 6. A princesa está doente. 7. Qual é o nome da heroína do filme? 8. Qual é o nome da/BP de sua prima? 9. A peã/BP pedestre foi atropelada 10. A mãe do/BP de João é psiquiatra 11. Não me lembro do nome da autora 12. Ela é uma atriz muito famosa. 13. A minha/BP Minha avó morreu há dois anos. 14. Você conhece essa mulher? 15. Eu dou-me bem com a minha madrasta./BP Eu me dou bem com minha madrasta 16. A ladra foi presa pela polícia. 17. A condessa morreu aos 85 anos. 18. A minha/BP Minha patroa é uma pessoa muito compreensiva. 19. A imperatriz era uma amante da arte. 20. A duquesa patrocina muitas artistas. 21. Esta estátua representa ma deusa grega. 22. A Sra. D. Garcia é a/BP é minha antiga profesora 23. A rainha estava presente na inauguração do museu. 24. Esta aluna é da Alemanha. 25. Sinto-me/BP Eu me sinto uma escritora muito privilegiada. 26. A abadessa explicou a história do mosteiro. 27. A nossa filha dá-se bem com a sua chefe./BP Nossa filha se dá bem sua chefe 28. Qual é o nome da presidente da Câmara/BP da prefeita? 29. A dire(c)tora é uma pessoa muito severa. 30. A ré é absolvida por falta de provas. 31. A minha/BP Minha vizinha trabalha como tradutora.

4. 1. Nós somos alemães. 2. As luzes estão acesas. 3. Os reféns foram libertados pela polícia. 4. Os barris estão vazios. 5. Os cães são animais fiéis. 6. Foram meses difíceis para nós. 7. Os túneis são seguros. 8. São hotéis de quatro estrelas. 9. As minhas/BP Minhas irmãs são casadas. 10. Os ladrões foram presos. 11. As mãos estavam limpas. 12. São canções italianas. 13. Quais são as regiões mais bonitas?

5. 1. O hábito faz o monge. 2. As aparências iludem/BP enganam. 3 Sou todo ouvidos. 4. Nao quero correr riscos. 5. A ocasião faz o ladrão. 6. Tudo tem seu límite. 7. É um hotel com todas as comodidades. 8. Temos opiniões diferentes. 9. Cão que ladra/BP Cachorro que late não morde. 10. Tudo corre conforme os planos. 11. As chuvas ácidas prejudicam as/causam dano às forestas. 12. Uma vizinha prestou os primeiros socorros. 13. A reunião realizou-se/BP se realizou/teve lugar à porta fechada. 14. Isso não tem pés nem cabeça. 15. Entre os dois há uma grande diferença de idades. 16. O custo de vida é muito alto. 17. Estou com dor de cabeça. 18. Ela trabalha como empregada de mesa/BP garçonete para financiar os/BP financiar seus estudos. 19. Os bombeiros arriscam as/BP arriscam suas vidas. 20. Gostas/BP Você gosta de comer massa? 21. Um nadador tem de ter bons pulmões. 22. Levo 200 gramas de fiambre/BP presunto cozido. 23. As leguminosas causam flatulência. 24. Os teus/BP Seus conhecimentos de alemão são muito bons. 25. Eu tropecei nas escadas 26. Isto é para adolescentes de ambos os sexos. 27. As línguas francesa e portuguesa provêm do latim. 28. O teu cabelo/BP Seu cabelo está cheio de caspa. 29. Estão três graus acima de zero. 30. Onde estão os meus/BP meus óculos?/Cadê meus óculos? 31. O segundo volume abrange os séculos XVI e XVII. 32. Uma criança está com/tem sarampo. 33. Tenho que ir cortar o cabelo. 34. Os mesmos direitos para todos. 35. Os fins justificam os meios.

Lösungen von Kapitel 3

1. 1. O 2. A 3. - 4. O 5. A 6. O 7. - 8. O 9. a 10. O 11. O 12. - 13. A 14. A 15. O 16. - 17. - 18. - 19. - 20. o 21. - 22. a 23. A, a 24. A , o 25. O. o 26. -, - 27. O 28. Os 29. -, - 30. o

2. 1. - 2. uma 3. - 4. um 5. - 6. um 7. - 8. - 9. um 10. uma 11. - 12. - 13. -, - 14. um 15. - 16. - 17. um 18. uma 19. - 20. - 21. - 22. um

3. 1. O alemão é uma língua germânica. 2. Eu mudei de médico. 3. Eu gostava/gostaria de dar a volta ao mundo. 4. Ela tem bom coração. 5. O menino foi apanhado em mentira. 6. O teu/BP Seu irmão é um professor nato. 7. Tens carta de condução?/BP Você tem carteira de motorista? 8. Eu nunca ouvi um argumento tão absurdo. 9. Foi um inferno. 10. O nosso/BP Nosso país está em crise. 11. Vou deixar crescer a barba. 12. Precisas/BP Você precisa de receita médica. 13. É uma questão de tempo. 14. O jovem morreu de overdose de heroína. 15. O meu/BP Meu marido anda em viagem de negócios. 16. Sinto-me/BP Eu me sinto come o peixe na água. 17. O Lidl è uma empresa alemã 18. Como te comportarias/BP você se comportaria em tal situação? 19. O futebol é o meu desporto/BP meu esporte favorito. 20. Os professores também podem errar. 21. A primavera está a chegar/BP chegando. 22. A couve-flor não me faz bem. 23. Estes são os filhos do primeiro casamento. 24. Nós trabalhamos das 8 às quatro. 25. Os opostos atraem-se/BP se atraem. 26. Não se fala com a boca cheia/BP de boca cheia. 27. Compraste/BP Você comprou leite? 28. Sou alérgico/a à penicilina. 29. O político foi vítima de um ataque. 30. A fruta é saudável. 31. Saber é poder. 32. As crianças têm muita energia. 33. Eu tenho medo de cães/BPcachorros. 34. O Marco/BP (O) Marco é filho único. 35. Os japoneses adoram flores. 36. O cancro/BP câncer é uma doença perigosa. 37. Abril tem trinta dias. 38. Eu durmo com a janela aberta. 39. Tenho a tensão alta. 40. A leitura educa. 41. O político morreu de morte violenta. 42. A união faz a força. 43. *Ir* é um verbo de movimento. 44. Fizeste/BP Você fez boa viagem? 45. Ontem, passei o dia inteiro a ler/BP lendo. 46. O pânico instalou-se/BP se instalou entre os passageiros. 47. O sal é usado para temperar a comida. 48. Vou mandar rapar a barba. 49. A insulina é usada principalmente no tratamento da diabetes. 50. De momento, não estou en condicoes de exercer o/BP exercer meu trabalho/a/BP minha profissão. 51. Tens/BP Você tem carro? 52. Eu sabia disso desde o início. 53. Só o conheço de vista. 54. O camião/BP caminhão passou o sinal vermelho/com o semáforo vermelho/BP fechado. 55. Em média, as mulheres vivem oito anos mais que os homens. 56. Eu tenho a consciência limpa. 57. As mentiras têm as pernas curtas./BP A mentira tem perna curta.

Lösungen von Kapitel 4

1. 1. Esta 2. Este 3. essa 4. Isto/Isso 5. aqueles 6. naquele 7. Nesta 8. esta 9. Isto 10. essa 11. essas 12. esse 13. Esta 14. Essa 15. esse 16. isso 17. isso 18. Este 19. isso 20. Este/Isto 21. aquela 22. Este, aquele 23. esta 24. esta 25. isso, Isto

2. 1. Gostas/BP Você gosta deste vestido? 2. Esta cadeira está ocupada. 3. Este é um romance policial emocionante. 4. Nesse/Neste caso, o senhor/a senhora tem razão. 5. Gosto muito da cor desta/dessa saia. 6. Esta tradução está cheia de erros. 7. Passei neste teste. 8. A situação destes/desses/ daqueles pais não é invejável. 9. O que terias/BP você teria feito nessa situação? 10. Eu não saio de casa com este tempo. 11. Isso é mentira! 12. Este problema dificilmente pode ser resolvido. 13. Nessa/Naquela noite não preguei olho. 14. Por favor, preencha este impresso/ formulário. 15. O que é que este tipo/gaio quer?/BP O que esse cara quer? 16. Não fales/BP fale comigo nesse tom. 17. Naquele exa(c)to momento, o/BP meu chefe entrou.18. Esta/ Naquela noite, choveu muito. 19. O que me preocupa é o isto. 20. Não faças/BP faça essa cara! 21. Isto é uma catástrofe. 22. Desta vez não te posso ajudar/BP não posso te ajudar. 23. Essa seria a melhor solução. 24. Conheces/BP Você conhece aquela senhora? 25. O que queres tu/BP você quer dizer com isso? 26. Estes sapatos são/estão-me muito apertados/BP estão muito apartados para mim. 27. Há apenas espaço para/Caben apenas cinco pessoas neste elevedor. 28. Naquela época/Naquele tempo as condições de vida eram muito más.

Lösungen von Kapitel 5

1. 1. sua 2. meus 3. nossa 4. tua/BP sua 5. minha 6. teus/BP seus, teu/BP seu 7. tua/BP sua, minha 8. teus/BP sua 9. seu 10. meus 11. vossa/BP sua 12. seu 13. meu 14. seus 15. sua 16. suas

2. 1. A minha/BP Minha língua materna é o alemão. 2. O nosso/BP Nosso hotel é/fica no centro. 3. O ténis é o meu desporto/BP O tênis é meu esporte favorito. 4. Eu pus/coloquei as flores na secretária dela/BP na escrivaninha dela. 5. O que farias tu no meu lugar/BP você faria no/em meu lugar? 6. Os pais deles estão desempregados. 7. A nossa/BP Nossa filha foi para a discoteca sem o nosso consentimento/BP sem nossa permissão. 8. Hoje o nosso professor ficou contente connosco/BP nosso professor ficou satisfeito/feliz conosco. 9. Compraste este pão no vosso/BP Você comprou este pão no seu padeiro? 10. Uma pessoa tem de/que aceitar o seu destino./BP Você tem que aceitar seu destino. 11. A Maria/BP (A) Maria está apaixonada pelo seu professor/BP por seu professor. 12. Podemos servirmo-nos com a vossa máquina de cortar relva/BP com seu cortador de grama? A nossa/BP O nosso não funciona. 13. Nós estamos muito satisfeitos com o/BP com nosso hotel. Vocês também estão satisfeitos com o vosso/BP seu também? 14. Aqui está o número do meu telemóvel/BP de meu celular. O senhor/A senhora/Você podia dar-me/BP me dar o seu? 15. Há um supermercado em frente à nossa casa.

3. 1. Eu mudei de ideia. 2. Só quero o melhor para ti/BP você. 3. Ele deu o melhor de si mesmo/o/BP seu melhor. 4. Porque é que/BP Por que ele deixou a mulher? 5. Eu ainda não fiz o meu testamento. 6. Isso não é problema meu.

7. A minha mulher cuida da sua figura./BP Minha esposa cuida de sua figura. 8. O ciclista morreu dos ferimentos. 9. O marido dela perdeu o emprego. 10. O João/BP (O) João sabe do seu ofício. 11. Eu nunca saio de casa sem (o meu) telemóvel/BP (meu) telefone celular. 12. Por fim o réu rompeu/O réu acabou por romper o silêncio. 13. Tira/BP Tire o casaco. 14. A nossa/BP Nossa filha mora com o namorado.

Lösungen von Kapitel 6

1. 1. todos 2. nada. 3. pouco 4. alguma 5. todas 6. nenhuma 7. tantas (outras) 8. Poucas 9. ninguém 10. Tudo. 11. Muito, pouco 12. tal 13. todos. 14. nenhuma 15. nenhum 16. algum 17. tanta 18. muitos, alguns 19. Alguém 20. Algumas 21. outra 22. algum 23. nada 24. alguma 25. nenhuma. 26. mesmos 27. Cada um, mesmo 28. Poucos/Muitos 29. Nada 30. Cada 31. outra. 32. todos 33. mesma 34. alguma 35. Toda 36. mais/outros 37. qualquer. 38. mesmo 39. toda 40. alguma 41. muita/qualquer 42. qualquer/alguma 43. outro 44. nada 45. Muitas 46. outra 47. nenhum 48. uns 49. qualquer/alguma 50. muitos/quaisquer 51. mesma 52. ninguém. 53. Aguns/Muitos 54. tal 55. Qualquer 56. outros. 57. nada.

2. 1. Não se pode/BP Você não pode saber tudo. 2. Eu não consigo comer tanto. 3. Aconteceu alguma coisa? 4. As crianças vão para casa a toda a pressa. 5. Eles/Elas têm muitas coisas em comum. 6. Muito obrigado! – Não tem de quê!/De nada! 7. Ligo-lhe/BP para ele todos os dias. 8. Não há apenas uma opção, mas várias. 9. Como tenho que fazer algumas compras, não chegarei a/BP auch: em casa antes do meio dia. 10. Muitas coisas mudaram. 11. A minha mulher/BP Minha esposa deve chegar a/BP [umg.] em casa a todo o momento/a qualquer momento. 12. Isso são tudo despesas que oneram o orçamento do estado. 13. A ociosidade é o começo de todos os vícios. 14. Toda a gente tem um telemóvel/BP (telefone) celular, eu ainda não tenho nenhum. 15. Infelizmente, não conheço ninguém a quem recorrer. 16. Tudo de bom! 17. Eu poupei o bastante para fazer a viagem. 18. Isso pode acontecer a/com qualquer um. 19. Nesta loja há de tudo. 20. Tomo um duche/BP uma ducha todas as manhãs. 21. Faço um pouco de desporto/BP esporte. 22. A sua mulher/BP A esposa dele caiu das nuvens quando ouviu a notícia. 23. O meu/BP Meu filho come de tudo. 24. Cada aluno aprende duas línguas estrangeiras. 25. A senhora saiu sem comprar nada. 26. Cada um tem os/BP tem seus problemas. 27. Não se pode/BP Você não pode ter tudo. 28. Visitamo-lo/BP nós o visitamos de três em três anos. 29. Toda a criança quer ser feliz. 30. Diverte-te!/Divirta(m)-se! 31. Isto é a raiz de todo mal. 32. Todo o começo é difícil. 33. Encontrei-a/BP Eu a encontrei há alguns dias. 34. Isto/isso foi dito pelo próprio Goethe. 35. Infelizmente não falo inglês. 36. Só se é jovem uma vez./BP Você só é jovem uma vez. 37. Na Alemanha as pessoas separam/a gente separa o lixo. 38. Dizem(-te) uma coisa e depois fazem outra. 39. Por que não há/existem sacerdotisas na Igreja Católica? 40. Nem toda a gente escapou com vida. 41. Isso não é nada comparado com o que eu experimentei. 42. Alguém fala francês aqui? 43. Estou acostumado a coisas muito diferentes. 44. Uma andorinha por si só não faz verão. 45. Está algo errado? 46. Alguns nunca entendem. 47. Eu faria tudo por ti/você. 48. Morreu uma família inteira no acidente. 49. Eu só falo um pouco de russo.

Lösungen von Kapitel 7

1. 1. mil quatrocentos e noventa e dois 2. treze 3. sete, cem 4. um milhão e seiscentos e cinquenta e um mil setecentos e vinte e oito, nove vírgula seiscentos e oito por cento 5. quatorze mil trezentos e sessenta 6. trinta e oito, vinte e cinco, sessenta e sete/BP três – oito – dois – cinco – meia – sete 7. nove, onze e meia, cinco e quinze/um quarto, oito 8. trinta e uma 9. um milhão e dezanove/BP dezenove mil e cento e seis, quarenta e dois mil quinhentos e oitenta e quatro 10. dezasseis/BP dezesseis

2. 1. Eu moro no terceiro andar, o meu/BP meu irmão mora no quarto andar. 2. O Muro de Berlim caiu a 9 de novembro de 1989 (mil novecentos e oitenta e nove). 3. Hoje é o 1º (primeiro)/o dia um de novembro. 4. És/BP Você é a favor da dupla nacionalidade? 5. Eu recebo um terço do que meu marido ganha. 6. Foi amor à primeira vista. 7. O Papa Francisco sucedeu ao Papa Bento XVI (dezasseis/BP dezesseis). 8. No Terceiro Mundo, muitas crianças morrem de fome ou SIDA/BP AIDS. 9. A minha mulher/BP Minha esposa está grávida de seis meses. 10. Eu estive hora e meia à tua espera/BP esperando por você por uma hora e meia. 11. Quantos espe(c)tadores é que lá estavam? - Cem. 12. A nossa/BP Nossa filha está no sétimo céu/vive num mar de rosas. 13. "A quinta mulher" é o título de um livro de Henning Mankell. 14. Há 7.000.000 (milhões) de imigrantes na Alemanha, 24 (vinte e quatro) por cada 1.000 (mil) habitantes. 15. Eu nasci a/BP em 18 (dezoito) de janeiro de 1983 (mil novecentos e oitenta e três). 16. A Guerra dos Trinta Anos durou de 1618 (mil seiscentos e dezoito) a 1648 (mil seiscentos e quarenta e oito). 17. Foi em 1993 (mil novecentos e noventa e três) que fiz a/BP fiz minha primeira viagem à França. 18. Um terço dos alunos está doente. 19. Há entre 2,8 (dois vírgula oito) e 3,2 (três vírgula dois) milhões de pessoas de fé islâmica na Alemanha. 20. Em outubro, o número de desempregados aumentou 32.546 (trinta e dois mil quinhentos e quarenta e seis). 21. A semana de cinco dias foi introduzida na década de 1960 (mil novecentos e sessenta). 22. Eu vi-a/BP a vi lá pela primeira vez. 23. O avião aterrou/BP aterrissou às 23:01 (vinte e três e um). 24. Eu faço anos no dia 16 (dezasseis/BP dezesseis) de junho. 25. O João/BP (O) João é sete anos mais velho do que a irmã. 26. O nosso/BP Nosso filho faz dezoito anos em agosto. 27. O autocarro/BP ônibus passa de dez em dez/a cada dez minutos 28. Centenas de milhares de pessoas tiveram que deixar as/BP deixar suas casas. 29. Dezenas de milhares de trabalhadores protestaram/manifestaram-se/BP se manifestaram ontem contra a redução de postos de trabalho. 30. O Brasil foi descoberto em/no ano de 1500 (mil e quinhentos) por Pedro Álvares Cabral. 31. Hoje é o dia treze/são treze. 32. Hoje é o dia cinco de julho. 33. Sabes/BP Você sabe os dez mandamentos de cor? 34. Este ano, conseguimos triplicar as/BP triplicar nossas vendas. 35. Ois dois entendemo-nos/damo-nos/BP nos entendemos/nos damos muito bem. 36. Quantos são quatro vezes 8/Quanto é o quádruplo de oito? 37. Comprei livros pela metade do preço. 38. Estaremos no Rio daqui a quinze dias. 39. O Papa João XXIII (vinte e três) convocou o Concílio Vaticano II (segundo C. V.). 40. Nós em casa somos cinco. 41. Ontem bebi dois quartilhos/meio litro de vinho tinto.

3. 1. decénio/BP decênio 2. milénio/BP milênio 3. dueto 4. quinzenal 5. dúzia 6. semestre 7. século 8. terço 9. quinquénio/BP quinquênio 10. biénio/BP biênio 11. decatlo 12. decímetro

4. 1. Trezentos e setenta e cinco e/mais quinhentos e quarenta e seis são novezentos e vinte e um 2. Dezoito vezes treze são duzentos e trinta e quatro. 3. Setecentos e oitenta e dois menos quatrocentos e trinta e um são trezentos e cinquenta e um. 4. Sessenta e três dividido/a dividir por nove são sete.

Lösungen von Kapitel 8

1. 1. (O) que 2. que 3. Qual 4. Quantas 5. O que 6. Quanto 7. Quais 8. Que 9. Como 10. Que 11. Quanto 12. Quem 13. Qual 14. Quantas/Que 15. Como 16. Que 17. Que 18. Quem 19. Onde 20. Qual 21. quando 22. onde 23. que 24. Como 25. Quais 26. quem

2. 1. Quantos anos tem a tua/sua/BP sua irmã tem? 2. De quem è que estás à espera?/BP Por quem você espera/está esperando? 3. Quanto tempo o senhor/a senhora/você vai ficar aqui? 4. Como te sentes/BP você se sente? 5. Quanto custam estes sapatos? 6. Por quem foi descoberto o Brasil?/BP Por quem o Brasil foi descoberto? 7. A que horas te levantas/BP você se levanta? 8. Quantas pessoas são? 9. De onde é o senhor/a senhora/você?/BP De onde o senhor/a senhora/você é? 10. Quanto tempo dura o espe(c)táculo? 11. Como é que/BP Como o senhor/a senhora/você a reconheceu? 12. Para onde/Aonde é que vais/BP Para onde/Aonde você vai? 13. Quando é que/BP Quando o senhor/a senhora/você nasceu?

3. 1. Em que andar moras/BP você mora? 2. Quem disse: "Contudo ela se move"? 3. Qual é a cor do teu/BP de seu carro? 4. Onde é que vocês/BP Onde vocês passaram as férias? 5. Quantos são hoje? 6. Quando é que fazes/BP Quando faz anos? 7. Em que estás a pensar/BP você está pensando? 8. Como é que/BP Como o senhor/a senhora/você se chama?/Qual é o/BP é seu nome? 9. Qual é a/BP é sua profissão? 10. Quanto (é que) pesas?/BP Quanto você pesa? 11. Por que é que não foste/BP Por que você não foi à aula ontem? 12. De quem são estes/esses sapatos?/A quem pertencem estes/esses sapatos? 13. Para onde vai este comboio/BP trem/ este trem vai/está indo? 14. Quanto è que vocês pagam de aluguer (da casa)/BP Quanto vocês pagam de aluguel? 15. Quantas pessoas são? 16. De que época é essa pintura? 17. De que é que o senhor/a senhora/você está à espera?/BP Que você está esperando? 18. Do que é que/BP Do/De que se trata? 19. A que horas é que/BP A que horas vocês jantam? 20. Qual é o teu/BP seu signo?/De que signo es/BP você é? 21. Até que horas tens/BP você tem que trabalhar hoje? 22. O que é que queres ser quando fores grande?/BP O que você quer ser/fazer quando crescer? 23. De quem é a culpa? 24. Por que é que te despediste/BP Por que você se despediu/você desistiu? 25. Do que é que isso depende/está dependente?/BP De que isso depende? 26. Até que ponto se deterioraram as condições de trabalho/BP as condições de trabalho se deterioraram? 27. Quando tenho que desocupar o quarto? 28. Como está/vai o senhor/a senhora/BP Como o senhor/a senhora vai/está? 29. Quantas letras tem o alfabeto português? 30. Qual é o plural de *lição*? 31. De que/qual idioma/língua vem essa palavra/BP auch: essa palavra vem? 32. Em que estás agora a trabalhar/BP você está trabalhando? 33. Quem é que acabaste de cumprimentar?/BP Quem você acabou de cumprimentar?/Para quem você acabou de dizer olá? 34. Em que posso ser-lhe útil/servi-lo/la? 35. Qual foi a/BP foi sua pergunta? 36. Qual foi a causa deste acidente? 37. A quantos estamos hoje? 38. Qual é a diferença? 39. Que nacionalidade tens/BP você tem? 40. Para quê aprender latim? 41. Gostas/BP Você gosta do vinho?/Que tal o vinho?/Como está o vinho? 42. Como te manténs/BP você se mantém em forma? 43. Como é que/BP Como o senhor/a senhora/você aprendeu a falar alemão tão bem? 44. Como é que vais/BP Como você vai para casa? 45. Como é que/BP Como o senhor/a senhora sabe isso? 46. A que horas se pode tomar o pequeno almoço/BP você pode tomar o café da manhã? 47. Até que ponto mudou a situação/BP a situação mudou? 48. Por que é que/BP Por que o senhor/a senhora aprende alemão?- Porque é necessário para o/BP para meu trabalho. 49. Há quanto tempo é que andas a aprender alemão?/BP Há quanto tempo você vem aprendendo alemão? 50. O que achas/BP você acha de Berlim?/Como achas/BP você acha Berlim?

4. 1. Que horas são? 2. Quantas vezes estiveste/BP esteve já na Inglaterra? 3. Com que assiduidade vais ao ginásio/fitness center?/BP Com que frequência você vai ao ginásio 4. Há quanto tempo foi isso? 5. A que velocidade é que se pode conduzir aqui?/BP A que velocidade se pode ir aqui? 6. Quanto custa esta saia? 7. Qual é a distância daqui até à estação do caminho de ferro? 8. Qual é a altura deste arranha-céu? 9. Qual é o comprimento do corredor?/ Que comprimento tem o corredor? 10. Há quanto tempo é que estás à minha espera?/BP você está me esperando? 11. Qual é a profundidade deste lago? 12. Qual é a largura deste armário?/Que largura tem este armário? 13. Quantos anos tens/BP você tem? 14. Qual é a tua/BP Qual é sua altura?/Que altura tens tu?/BP você tem?/Quanto medes/BP você mede?

Lösungen von Kapitel 9

1. 1. Não a quero preocupar/quero preocupá-la. 2. Quando posso vir buscá-lo?/Quando o posso vir buscar? 3. O aluno fê-los/BP os fez. 4. Os alunos fizeram-nos/BP os fizeram. 5. Vejo-a/BP Eu a vejo//[umg.] Vejo ela todos os dias. 6. Os pais não a queriam deixar sair/não queriam deixá-la sair. 7. Não a consegui completar/consegui completá-la. 8. Eu disse-lhes a verdade./BP Eu lhes disse a verdade. 9. Ainda tenho que os fazer/fazê-los/BP tenho que fazê-la. 10. Eu conheço-a/BP Eu a conheço./[umg.] conheço ela. 11. Tento ensinar-lhes inglês. 12. Ele fez-lhe um favor/BP Ele fez um favor a ele. 13. Devolveste-lhe o dinheiro? 14. Eles ajudaram-no a levantar-se/BP Eles o ajudaram a se levantar. 15. Poucos a sobreviveram (a ela). 16. Eu ouvi-a insultá-lo/BP Eu a ouvi insultá-lo/insultando-o. 17. O ladrão, quando a viu, tentou escapar. 18. Ainda pensas/BP Você ainda pensa nele? 19. Desejo-lhes uma boa viagem. 20. Desejo uma boa viagem a/para eles. 21. Eu vou-lho dar/vou dar-lho. 22. Eu vou dá-lo para ela./Eu o vou dar para ela. 23. É difícil traduzi-la./Ela é difícil de traduzir. 24. Ele não lhe resistiu. 25. Eu fi-la rir./BP Eu a fiz rir.

2. 1. Ele telefonar-lhe-á. 2. Eles dar-te-ão o dinheiro. 3. Far-me-ás um favor? 4. Convidá-lo-emos. 5. O torneio iniciar-se-á 6. Eu di-lo-ei.

3. 1. Eu vendê-la-ia. 2. Nós dir-to-íamos. 3. Eu sabê-lo-ia. 4. Eles ajudar-te-iam. 5. Nós comprá-los-íamos.

4. 1. Quando o viste/BP você o viu ? 2. Não a conheço. 3. Já o conheci há dois anos. 4. Posso ajudá-lo? 5. Quero-a ouvir/Quero ouvi-la tocar piano. 6. Este/Esse professor não se sabe impor/sabe impor-se. 7. A mim isso não interessa. 8. Este presente é para ti/BP você. 9. Vejo-o todos os dias/BP Eu o vejo todos os dias. 10. Ela é dona de casa, ele é padeiro. 11. Posso brincar convosco/com vocês? 12. Eu vou ao mercado/BP Eu estou indo ao mercado e tu, o que é que fazes/BP o que você faz?/o que você está fazendo? 13. Conheces/BP Você conhece a Luísa/BP conhece (a) Luísa? - Sim, conheço. 14. Tu ajuda-la/BP Você a ajuda? 15. Nós falámos/BP falamos sobre ele.16. Penso sempre nele. 17. Com quem queres/BP você quer falar? Contigo/BP Com você. 18. Nós ainda não falámos/BP falamos sobre isso. 19. Eu gosto dela. 20. Nunca houve problemas entre mim e ti/BP você e eu. 21. Ela não se vai lembrar/BP vai se lembrar de vocês. 22. Eu escrevi-lhe/BP para ele há três dias. 23. O tempo trabalha a nosso favor. 24. Eu tenho uma pergunta para lhe fazer/fazer ao senhor/à senhora. 25. Perdemos por causa dele. 26. Vou perguntar a ela, não a ele. 27. Tens/BP Você tem as chaves? - Sim, tenho. 28. Ela ainda não falou comigo. 29. Isto é para o senhor/a senhora/EP si. 30. Quem procuras/BP você está procurando? – Procuro-te a ti/BP Estou procurando você. 31. Ainda não falaram connosco/BP conosco. 32. Sinto-me seguro/a a seu lado. 33. A nós não convidaram. 34. Este homem está a incomodar-me/BP está me incomodando. 35. Ele não mo disse./BP Ele não me disse isso. 36. O Manuel julga-se/BP (O) Manuel se julga inteligente, mas não é. 37. Quando lhe deste o dinheiro? - Eu dei-lho há uma semana./BP Quando você lhe deu o dinheiro/deu a ela o dinheiro? – Eu lhe dei/Eu dei há/faz uma semana. 38. Esse professor não tem problemas em se impor. 39. Ainda bem que me disseste isso/BP você me diz isso. 40. Coitada de mim!

5. 1. São cinco (horas). 2. Não tem pressa. 3. Há corrente de ar. 4. Faz calor./Está calor. 5. Não atendem. 6. Sinto muito./Lamento muito. 7. Está verde./BP Está aberto. 8. Está vermelho./BP Está fechado. 9. Resta saber se ... 10. Está (um ar) abafado. 11. Estão a tocar/BP tocando à porta. 12. Está a chegar/BP Está chegando a primavera. 13. Estou aborrecido. 14. O pequeno almoço/BP O café da manhã é servido das 7 às 10 horas. 15. Esta casa está assombrada. 16. Quem é a mãe desta/dessa menina? – Sou eu. 17. Ela vai chegar longe. 18. Tem o dinheiro certo? 19. Consegui! 20. Eu mal posso esperar! 21. Lamento não tenho trocado. 22. Esteja/Fique/Ponha-se à vontade. 23. Eu tentei, mas não consegui. 24. Não se pode agradar a todos/a gregos e troianos. 25. Estou farto/a disso. 26. Ele sabe lidar com crianças. 27. Tenho comichão pelo corpo todo. 28. És/BP Você é livre de ir para lá.

Lösungen von Kapitel 10

1. 1. que 2. que 3. que 4. Quem 5. Do que 6. o que/quanto 7. cuja 8. cujos 9. em que/no qual 10. de que/da qual 11. de que 12. onde/em que 13. quem 14. do qual 15. do que 16. as quais 17. com o que 18. O que 19. a qual 20. dos quais 21. o qual, o que

2. 1. Eu gosto de pessoas que têm sentido/BP senso de humor. 2. A senhora Pereira é uma boa professora, a que/quem devo muito. 3. Eros Ramazzotti cujas canções são muito conhecidas nasceu em Roma em 1963. 4. O meu/BP Meu marido quer deixar de fumar, o que não é fácil. 5. A senhora cujo cão/ BP cachorro eu levo a passear é muito generosa 6. Isso é um perigo a que/ao qual eu não me quero expor/quero expor-me/BP quero me expor. 7. Não foi isso que eu pedi. 8. O ultimo a rir é o que ri melhor./Quem ri por último, ri melhor. 9. Nós não queremos uma sociedade em que/na qual o estado regule tudo. 10. Esse é um problema com que/o qual ando ocupado/BP venho lidando já/estou lidando há muito tempo. 11. A família com quem/que/a qual eu morei era muito amável. 12. Este é um prato de que o/BP de que meu marido gosta. 13. No ano em que eu nasci, morreu o/BP morreu meu avô. 14. Esta é uma viagem de que nós gostamos de nos lembrar/BP que gostamos de lembrar/de que nos recordamos com prazer. 15. Amanhã eu tenho uma entrevista de emprego de que/da qual depende muito. 16. O torneio em que/no qual participámos/BP de que/do qual participamos foi muito bem organizado. 17. Esse é um ponto que não quero comentar/sobre o qual não me quero pronunciar/pronunciar-me/BP sobre o qual não quero me pronunciar. 18. O homem ao lado do qual eu estava sentado durante o espe(c)táculo esteve a ressonar/BP roncando. 19. Tem que se estar satisfeito com o que se tem./BP Você tem que estar satisfeito com o que você tem. 20. Foi uma tentação a que/à qual eu não pude resistir. 21. É este o senhor sem cuja ajuda/sem a ajuda do qual eu não teria conseguido o/BP conseguido meu emprego. 22. Todos os que/(Todos) quantos vieram, trouxeram um presente. 23. Este é um livro que espero agrade ao/BP a meu irmão. 24. A primeira coisa que faço depois de me levantar é tomar um duche/BP uma ducha. 25. A rapariga/BP garota pela qual me apaixonei é italiana. 26. A primeira mulher com quem eu casei morreu há dez anos. 27. Finalmente encontrei uma mulher da limpeza/BP uma faxineira em que/na qual posso confiar. 28. Esta é uma peça sobresselente sem a qual a máquina não funciona. 29. A empresa em que/na qual/onde trabalha o/BP trabalha nosso filho despediu 200 trabalhadores. 30. Essas são coisas pelas quais somos responsáveis. 31. Foi o dia em que nos conhecemos. 32. Este é um romance em que/no qual ando a trabalhar/BP estou/venho trabalhando há cinco anos. 33. Esse/Este é um problema que requer solução imediata. 34. Esta é uma proposta com que/a qual concordo totalmente. 35. Foi a voz pela qual eu o reconheci.

3. 1. O Pedro/BP (O) Pedro que trabalha como enfermeiro salvou a/BP salvou minha vida. 2. O Roberto/BP (O) Roberto é um amigo em que/quem eu posso sempre confiar. 3. O meu/BP Meu amigo tem admiração pela sr.a Rossi, o que me surpreende. 4. A empresa em que/na qual/onde está o/BP está meu pai desde 1990 está insolvente. 5. O carro cujas rodas/as rodas do qual estavam desmontadas estava na berma da estrada. 6. O menino que foi ferido no acidente de trânsito ainda está no hospital. 7. Nós ficámos/BP ficamos num hotel cujo pessoal era/foi muito agradável. 8. Eu tenho um amigo cujo pai está na polícia. 9. A menina a que/quem/à qual eu dei aulas particulares passou de ano.

Lösungen von Kapitel 11

1. 1. simpáticos 2. feliz 3. boa 4. difíceis 5. estudantis 6. individuais 7. espanhola 8. bons 9. má 10. alemães 11. azuis 12. azul-celeste 13. confortáveis 14. cara 15. caros 16. fiéis 17. verde-oliva 18. agradáveis 19. Muitas 20. trabalhadora 21. franceses 22. vã 23. surda-muda 24. muitas, cruéis 25. indo-europeias

2. 1. Ele é um bom professor. 2. Ela é uma professora muito boa. 3. A decisão foi unânime. 4. É um produto belga. 5. O pai do/BP de/do Tom ocupa uma posição de grande responsabilidade. 6. A minha/BP Minha irmã está doente. 7. Os pais dele são muito rigorosos. 8. O motorista estava bêbado. 9. O Manuel é um rapaz/BP (O) Manuel é um garoto tímido. 10. As árvores ainda são pequenas. 11. A empregada de mesa/BP garçonete era/foi muito simpática.

3. 1. Na nossa escola/Em nossa escola há mais raparigas/BP garotas (do) que rapazes/garotos. 2. A Maria/BP (A) Maria é mais bonita do que a irmã. 3. O meu/BP Meu irmão é mais ambicioso que (do) eu. 4. As coisas são mais complicadas do que se pensa/BP auch: você pensa. 5. Não quero esperar mais do que é necessário. 6. Mais vale prevenir que remediar. 7. Esta mala é mais leve que aquela. 8. É mais fácil gastar o dinheiro do que ganhá-lo. 9. Foi mais difícil do que eles pensavam. 10. Este pacote é mais pesado que esta mala. 11. Os exames foram mais difíceis do que nós esperávamos. 12. Ela ganha menos de mil euros. 13. Nós queremos mais qualidade do que quantidade. 14. A situação é pior do que nós esperávamos. 15. A Amália/BP (A) Amália é mais jovem que a/BP que (a) Eleni. 16. A minha/BP Minha irmã mais velha chama-se/BP se chama Mara. 17. O meu/BP Meu carro consome menos gasolina que o do/BP de meu irmão. 18. Isso é melhor que nada. 19. Prefiro usar/vestir um vestido mais simples. 20. Os rapazes/BP garotos passam mais horas em frente do computador do que as raparigas/BP garotas. 21. Quanto mais velho se é/BP auch: você é, tanto menor é a chance de encontrar um emprego. 22. O senhor/A senhora tem este vestido num tamanho mais pequeno?/Há este vestido ...? 23. Este é um caso de força maior. 24. O meu/BP Meu marido compra mais livros do que consegue ler. 25. Não sejamos mais papistas que o papa. 26. Hoje o tempo está melhor do que ontem. 27. A minha mulher/BP Minha esposa é oito anos mais nova (do) que eu. 28. Melhor hoje que amanhã. 29. Eu nunca conheci uma pessoa mais egoísta que ele. 30. Esta é uma questão de menor importância. 31. Nós passamos mais tempo dentro de casa do que fora. 32. Mais vale um pássaro na mão do que dois a voar/BP voando. 33. Quatro olhos vêem mais (do) que dois. 34. A minha mulher/BP Minha esposa tem uma filha dum/de um casamento anterior. 35. Neste caso, a probabilidade seria menor. 36. É muito mais difícil do que parece. 37. Eu tenho coisas mais importantes a fazer. 38. Temos que encontrar uma solução melhor.

4. 1. Não houve grandes problemas/problemas de maior. 2. as línguas modernas 3. a minha cara-metade 4. em sentido estrito 5. a alta sociedade/a gente/as pessoas bem 6. pessoas de idade

5. 1. Quem é o homem mais rico do mundo? 2. Essa foi a pior pizza que eu já/jamais comi. 3. O alcoolismo é a terceira principal causa de morte. 4. Essa é a melhor solução. 5. Esta é a mulher mais fascinante que eu já conheci. 6.

As suas notas/As notas dele eram muito más. 7. O empregado não é o mais amável. 8. O terceiro problema de matemática foi o mais difícil. 9. Qual é a região mais industrializada da Alemanha? 10. A Sandra é a rapararíga/BP Sandra é a garota mais bonita da turma/BP classe. 11. A prostitução é o comércio mais antigo do mundo. 12. Essa é a resposta mais idiota que ele te podia dar/podia dar-te/BP podia lhe/te dar. 13. Deve-se/É preciso proceder com a máxima cautela. 14. Ele não teve a menor chance de conseguir esse emprego. 15. Esta é a pior catástrofe que já afetou a/BP afetou nossa região. 16. Essas coisas acontecem nas melhores famílias. 17. Passo a maior parte do tempo a ler/BP lendo. 18. O Marco/BP (O) Marco é o aluno mais diligente/ aplicado da turma/BP classe. 19. Onde é/fica o hospital mais próximo? 20. Lá passei os anos mais felizes da minha vida. 21. Ele perdeu o melhor que tinha. 22. Esse foi o jogo mais chato/aborrecido que eu já vi. 23. Nao há a menor dúvida. 24. Essa foi uma das melhores decisões da minha vida. 25. Esse é o exercício mais simples. 26. O melhor é desistir desse plano. 27. O pior ainda está por vir. 28. Essa é a menor das minhas preocupações. 29. Eu fiz o meu melhor para a ajudar/BP fiz meu melhor/o melhor que pude para ajudá-la. 30. É uma invenção da maior importância. 31. Os parentes mais próximos foram informados? 32. A África é o segundo maior continente. 33. Esta é a última moda. 34. Os eléctricos/BP bondes são os meios de transporte mais ecológicos. 35. De todos os reis ingleses, Henrique VIII é um dos mais famosos, especialmente porque teve seis esposas. 36. Viste a Helen/BP Você viu Helen ultimamente? 37. O marido dela está na flor da vida.

6. 1. A Maria/BP (A) Maria é tão inteligente como o irmão. 2. Não é tão fácil como parece. 3. Eu não ganho tanto como a/BP como minha irmã. 4. Eu não tenho tanta paciência como a minha mulher/BP como minha esposa. 5. Nós trabalhamos tal como vocês. 6. Tu podes/BP Você pode fazer tantas perguntas quantas quiseres/BP quiser.

7. 1. Quanto mais tens/BP você tem, mais queres/BP você quer ter. 2. Quanto mais ganhas/BP você ganha, mais gastas/BP você gasta. 3. Quanto mais agressivo fores/BP você for, menos conseguirás/BP você conseguirá. 4. Quanto maior for o produto nacional bruto, mais rico é o país. 5. Quanto mais penso sobre isso, menos fico convencido. 6. Quanto mais medicamentos tomas/BP você toma, pior é.

8. 1. lindíssima 2. riquíssimo 3. dificílimo 4. salubérrimo 5. pessoalíssimo 6. crudelíssimo 7. paupérrimo/pobríssimo 8. nobilíssimas 9. péssimo 10. antiquíssimo 11. eficacíssimo

9. 1. Foi uma péssima ideia. 2. É uma palavra raríssima. 3. Ela é uma pessoa simpaticíssima/simpatiquíssima. 4. É uma criança sensibilíssima. 5. Tenho um médico capacíssimo. 6. Foi uma estad(i)a agradabilíssima.

10. 1. solar 2. eclesiástico 3. ambiental 4. quotidiano 5. estatal 6. episcopal 7. monacal 8. terrestre 9. portuárias 10. climática/BP climáticas 11. cerebral 12. digital 13. físicas 14. cardíaca 15. hepática 16. doméstico 17. automobilística 18. atmosférica 19. férrea

11. 1. fotogénica. 2. imponente. 3. catastróficas. 4. onomatopaica/onomatopeica. 5. vegetariano. 6. eslava. 7. estressante. 8. contraproducente. 9. maciço. 10. conservador. 11. financeiros. 12. atraente. 13. progressista. 14. sádico 15. criminoso 16. luxuoso 17. estudantil

12. 1. É uma oferta desinteressante. 2. Isto/Este é um anel de ouro. 3. Isto/ Este é um empreendimento arriscado. 4. Tive que cancelar a data marcada/a marcação por motivos de saúde. 5. Há/Existe uma lavandaria/BP lavanderia a seco aqui perto/por aqui? 6. O Marco/BP (O) Marco é um rapaz ingénuo/BP garoto ingênuo. 7. Trata-se duma/de uma missão delicada. 8. Ele é um bom rapaz/BP Ele é um bom garoto. 9. Ele tinha um olho negro. 10. O texto está cheio de erros de ortografia. 11. É uma ilusão de ótica. 12. Isso/ Essa é uma questão fundamental. 13. Infelizmente eu não tenho os conhecimento teóricos. 14. O entrevistador fez uma pergunta embaraçosa. 15. Lá existem praias paradisíacas. 16. Foi um gesto nobre. 17. Ele é um pugilista/BP boxeador talentoso. 18. O meu/BP Meu sobrinho é um moço muito promissor. 19. Pode-me/BP Pode me indicar um bom médico de clínica geral/BP um bom clínico geral? 20. O comportamento do juíz foi parcial.

13. 1. uma boa/má nota 2. uma alta taxa de desemprego 3. um pequeno sofá confortável 4. uma saia comprida verde escura 5. um antigo mosteiro franciscano 6. mudanças sociais significativas 7. grandes perdas financeiras 8. um elegante chapéu preto 9. uma magnífica vila medieval 10. as numerosas empresas locais 11. as fortes chuvas dos últimos dias 12. uma pitoresca aldeia de pescadores 13. uma rua estreita 14. uma estreita amizade 15. as drogas pesadas/leves 16. uma situação extremamente difícil 17. um obstáculo menor 18. um menino triste 19. um velho amigo 20. uma oportunidade única 21. a última salvação 22. as duras condições de vida 23. notícias de fonte segura

14. 1. leve como uma pena 2. branco como a cal da parede 3. negro como a noite 4. surdo como uma porta 5. novo em folha 6. fiel como um cão 7. cheio que nem um ovo 8. podre de rico 9. duro como o aço 10. são como um pero 11. escuro com breu 12. bêbedo como um cacho 13. nu em pelo 14. vermelho que nem um tomate 15. morto de cansaço 16. pobre como um rato de igreja 17. diligente como uma formiga 18. claro como água 19. forte como um touro 20. doce como mel 21. paciente como Jó 22. esperto como uma raposa 23. manso como um cordeiro 24. vaidoso como um pavão 25. teimoso como um burro/BP jegue

Lösungen von Kapitel 12

1. 1. Eu vejo mal mas ouço/oiço bem. 2. Hoje não me sinto bem 3. Eles vão ao cinema. 4. Eu durmo sempre bem. 5. Dói-me um braço. 6. Em que posso ajudá-lo? 7. Eu leio o jornal todos os dias. 8. Por que é que eles se odeiam? 9. A minha mulher/BP Minha esposa passeia o cão/BP o cachorro. 10. Eu não consigo dormir com este barulho. 11. De onde vêm vocês?/BP De onde vocês vêm? 12. Os preços sobem. 13. Os filhos estão em casa. 14. A filha põe sempre a mesa.

2. 1. Estamos muito cansados. 2. Não o dizemos. 3. Vocês têm tempo? 4. Fizeram boa viagem? 5. Somos alemães. 6. Dormimos sempre bem. 7. Hoje não podemos trabalhar. 8. Ouvimos muita música. 9. Já viram esse filme. 10. Os contratos já estavam assinados.

3. 1. Vou a pé. 2. Não sei falar alemão. 3. Peço/Pedi desculpa. 4. Ele veio de comboio/BP trem. 5. Durmo/Dormi sempre bem. 6. Sigo a partida pela televisão. 7. Faço muita ginástica. 8. Trago um presente. 9. Sinto/Senti passos nas escadas. 10. Fui importunada por um gajo bêbedo./BP cara bêbado.

4. 1. Serão dez horas. 2. Chegaremos por volta das 15h. 3. Ele terá razão. 4. Eles não virão. 5. Seguirei o concerto pela televisão. 6. Dirão que não. 7. Estarás em casa? 8. Eu trarei as bebidas. 9. Os lucros subirão. 10. Ele saberá o motivo.

5. 1. Eu não faria isso. 2. Seria possível. 3. Ele não viria. 4. Os preços subiriam. 5. Estaríamos contentes. 6. Eu não sairia com esse gajo/BP cara.

6. 1. Os filhos estavam a brincar/BP estavam brincando. 2. Ela tinha tempo. 3. O tio trazia sempre um presente. 4. Não havia lá ninguém. 5. Ele vinha todos os dias. 6. Não o víamos todos os dias. 7. Doía-lhe o joelho. 8. O meu/BP Meu pai era professor. 9. O meu/BP Meu irmão ia ao cinema pelo menos uma vez por semana. 10. Vínhamos aqui de vez em quando. 11. Podia falar contigo um momento? 12. A filha punha sempre a mesa. 13. Os alunos cometiam sempre os mesmos erros. 14. Eu não sabia nadar.

7. 1. Tive medo. 2. Eu não consegui dormir com este barulho. 3. Paguei o carro. 4. Ele não disse nada. 5. Ela foi muita simpática comigo. 6. As crianças fizeram muito barulho. 7. Demos um passeio. 8. Ele pôs/colocou a chave em cima da/na mesa. 9. Eu entendi o que ele quis dizer. 10. Os clientes puseram-se na bicha/BP fizeram fila. 11. Ele trouxe um ramo de flores/BP buquê de flores.

8. 1. Onde moram vocês/BP vocês moram? 2. Quando nasceste?/BP você nasceu? 3. Os ladrões escaparam. 4. Vieste de comboio?/BPVocê veio de trem? 5. O empregado de mesa trouxe-nos a ementa./BP O garçom nos trouxe o cardápio/menu. 6. Onde é que puseste/BP Onde você pôs o recibo? 7. Ontem falei com ele. 8. Já alguma vez estiveste/BP Você já esteve na Grécia? 9. Ele não pôde vir. 10. Dói-me aqui./BP Está doendo aqui. 11. Por que é que eles não vieram à festa? 12. Ele não veio por motivos de saúde. 13. Eu dou um passeio/vou passear todos os dias. 14. Ontem choveu. 15. Estou com dores de cabeça. 16. Leste/BP Você leu o anúncio? 17. Vocês foram ao cinema? 18. As temperaturas sobem/BP estão subindo. 19. De repente, ele quis sair. 20. Fiquei com medo. 21. Ele conheceu-a/BP a conheceu há dois anos. 22. Soube ontem que ela estava doente. 23. O atelier de costura agora produz máscaras respiratórias. 24. A medicina faz/BP está fazendo grandes progressos/progride/BP está progredindo muito. 25. Eu quase nunca perco a paciência.

Lösungen von Kapitel 13

1. escorregou, caiu, derreteu-se, conseguiu, sentiu, ficou, aconteceu, chegou, pensou, caiu, ficaram, ficaram, pôde, morreu

2. havia, passava, subia, descia, entrou, caiu, tentava, molhava, fazia, ouviu, correu, tinha, está, perguntou, Estou, disse, posso, perguntou, está, disse, estará, era, obedeceu, entrou, era, estava, subia, saltou, fugiu, exclamou, respondeu, acontece, sobem, descem

3. devia, andava, costumava, deveriam, foi, chamou, contou, tinha, explicou, trabalha, parece, faz, disse, estava, tinha, criavam, era, devia, existe, deveria, tinha, preocupavam, tomaria, riu

4. estava, parecia, voava, liam, dormiam, conversavam, acendeu, foi, saiu, perguntou, Existe, acredita, respondeu, creio, respondeu, está, pararam, vamos, está

5. cometeu, ia, era, ia, viu, houve, afastou, fez, haviam, colidiram, percebeu, era, pôs, Foi, perseguiu, agarrou, apertou, deu, chegou, viu, foi, deixou, esqueceu-se, cometeu

6. estavam, chocavam, quebrava, decidiram, moravam, correram, chegaram, disseram, viemos, podemos, tentamos, quebram-se, ouviu, respondeu, É peciso, perguntaram, devem, dorme, despertarão, foram-se, pôs, olharam, passaram, estavam, começou, apareceu

7. ia, estava, apareceu, amassou, saí, fui, conduzia, estava, explicou, tinha, disse, expliquei, tínhamos, tirou, estava

8. 1. Estávamos a jogar às cartas/BP jogando cartas, quando o telefone tocou. 2. Quando o/BP Quando (o) Roberto entrou, todos ficaram calados. 3. Quando me aproximei, vi que ele estava bêbedo/bêbado. 4. Quando eu tinha 16 anos, saí de casa/BP me mudei porque tinha problemas com os/BP com meus irmãos. 5. Quando tentei travar/BP frear, já era demasiado tarde/BP tarde demais. 6. Enquanto eu fazia os meus trabalhos de casa/BP minha lição de casa, a/BP minha mãe passava a ferro/engomava/BP passava roupa e o/BP e meu pai lia um livro. 7. Eu estava a resolver/BP estava resolvendo um problema de matemática quando tocou o meu telemóvel/BP meu celular. 8. O táxi parou, o homem pagou e saiu. 9. Com esta/essa/aquela notícia, o Mario corou, levantou-se de um salto e saiu de casa a correr/BP Mario corou, se levantou de um salto e saiu correndo de casa. 10. O jovem foi até ao carro, examinou a roda, abriu o porta-bagagem/BP porta-malas, tirou o macaco, montou-o/pô-lo/colocou-o/BP o pôs/o colocou no carro e operou-o/BP o operou. 11. Estávamos a jantar/BP Estávamos jantando quando ouvimos um barulho. 12. O meu/BP Meu pai tirou um cigarro do bolso, acendeu-o/BP o acendeu e começou a fumar. 13. Quando ele me viu, atravessou a rua. 14. Cada vez/Todas as vezes/Sempre que ele me via, ele atravessava a rua. 15. A chuva parou, mas estava muito frio. 16. Depois que a tentativa falhou, eles desistiram do plano. 17. Enquanto o casal dormia/BP estava dormindo, o ladrão entrou na casa. 18. Eu calculei mal porque não me concentrei. 19. Quando eu morava na região, quase não havia estradas.

Lösungen von Kapitel 14

1. 1. apresente 2. expusesse 3. esteja 4. seja 5. venha 6. saibam 7. tenha 8. quiser 9. Dorme/Durma/Durmam 10. chova 11. Sejam 12. atenda 13. tivesse 14. comportem 15. possam 16. possas/BP possa 17. façam 18. for/estiver 19. queira 20. houver 21. aconteça, acontecer 22. se deitassem 23. tenha 24. custe, custar 25. haja 26. viva 27. falem 28. se esforce 29. estiver 30. forem 31. diga 32. tiver 33. façam 34. apontasse 35. dure 36. fosse 37. pudessem 38. soubesse

2. 1. É possível que ele mude de ideia. 2. É uma vergonha que o tratem desta maneira. 3. Parece-me que vocês trabalham demasiado/BP demais. 4. O meu/BP Meu pai tem vontade que eu estude Direito. 5. É improvável que o sindicato aceite esta condição. 6. Acho injusto que eles tenham despedido o/BP despedido meu colega. 7. Prefiro que não digas/BP você não diga nada a que nos mintas/BP minta para nós. 8. É muito importante para mim que os/BP que meus filhos recebam uma boa formação profissional. 9. É uma pena que nem todos os alunos possam participar no/BP do intercâmbio. 10. Estou absolutamente certo de que a carteira estava em cima da mesa. 11. Há/Tem que se/BP Tem que evitar que o vírus se espalhe ainda mais. 12. Esperamos que os sogros nos ajudem.13. Os pais não permitem que a filha saia de férias com o namorado. 14. A grande procura/demanda faz com que os preços subam. 15. O teu cunhado vai pedir-te que lhe emprestes/BP Seu cunhado vai te pedir que lhe empreste o dinheiro. 16. Advirto-te que não o faças/não faças isso/BP você não faça isso. 17. Podes/BP Você pode comer quanto quiseres/ BP quiser. 18. Um professor que não goste de crianças, escolheu a profissão errada. 19. Dorme/BP Durma um pouco se estiveres/BP estiver cansado/a. 20. Não te esqueças de telefonar à tua mãe/BP se esqueça de ligar para sua mãe. 21. Suponho que não vieste para me dizer/BP você não veio me dizer isso. 22. Não há ninguém que possa cuidar dele? 23. Ele disse que escreveria enquanto fosse/estivesse vivo. 24. Ele fala espanhol? - Que eu saiba não. 25. Há a considerar/Existe a possibilidade de que eles não soubessem.

3. 1. é 2. seja 3. tenha 4. saiba 5. sabe 6. fale 7. fique 8. sejam 9. entendesse 10. saiba 11. tomei 12. conheço. 13. cometer 14. correspondesse 15. corresponde 16. discutam 17. der 18. divorciem 19. tinha 20. tivesse 21. matou 22. seja

4. 1. aceitaria 2. poderia 3. seria 4. teríamos 5. perderia 6. comeriam 7. viria 8. faria 9. iria 10. diria 11. trariam 12. veriam 13. haveria 14. pediria 15. ouviria 16. terias 17. leria 18. iriam 19. sentiria 20. estaria

5. 1. Se eu estivesse no teu/BP em seu lugar/Se eu fosse você, eu diria que não. 2. Poderias/BP Você poderia vir? 3. Isso seria bom para si/o senhor/a senhora/BP o senhor/a senhora. 4. Poderíamos descer numa paragem/BP parada antes. 5. Na minha opinião, eles não seriam capazes de fazer isso. 6.

O meu/BP Meu marido ficaria muito decepcionado. 7. Eu não teria feito isso. 8. Isso seria inútil. 9. Eu teria desejado um resultado diferente. 10. Teríamos tempo. 11. Ninguém notaria. 12. Esta tradução teria sido muito difícil.

6. 1. fumasse 2. chover 3. tivesse tocado 4. estivesse 5. fizesse 6. tivesse feito 7. soubesse 8. tivesses/BP você tivesse bebido 9. dissesse 10. fossem 11. surgir 12. souber 13. tiver 14. fosse

7. 1. Se eu estivesse no teu/BP seu lugar, aceitaria a oferta. 2. Se te tivesses apressado/BP você tivesse se apressado, não teríamos perdido o comboio/BP trem. 3. Se ele tivesse seguido o/BP seguido meu conselho, poderia ser rico hoje. 4. Se precisares/BP você precisar de mim, liga-me/BP ligue para mim. 5. Se não falarmos sobre estas/essas coisas, nunca encontraremos uma solução para elas. 6. Se eu não tivesse travado/BP freado a tempo, teria atropelado o ciclista. 7. Se eu soubesse (falar) inglês, eles ter-me-iam/BP teriam me contratado. 8. Se tivesses/BP você tivesse lido o romance policial, saberias/BP saberia quem matou o juiz. 9. Se não conseguires/BP você não conseguir resolver o problema de matemática, eu ajudo-te/vou ajudar-te/BP vou te ajudar. 10. Se gritasses/BP você gritasse menos, conseguirias/BP conseguiria mais. 11. Se não tivesses/BP você não tivesse comido tantos rebuçados/BP tantas bolas, não terias/BP teria dores de estômago.12. Se ele perguntar por mim, diga-lhe que estou no escritório. 13. O que farias/BP você faria se ganhasses/ BP ganhasse na lotaria/BP loteria? 14. Se expediste/BP você expediu a carta anteontem, ela deve chegar hoje. 15. Se eu tivesse conseguido o empréstimo, poderia ter aberto um negócio. 16. É melhor se não disseres/BP você não disser nada. 17. Eu ter-me-ia/BP teria me comportado de maneira diferente se eles tivessem sido mais amáveis. 18. Se algo assim acontecesse contigo/BP com você, o que farias/BP faria? 19. Se não puderes/BP você não puder vir, adiaremos o trabalho para a próxima semana. 20. Se tivesses/BP você tivesse estudado mais, terias/BP teria passado no exame.

8. 1. Abra 2. Mostre 3. Diga 4. Respire 5. Sustenha 6. Tussa 7. Tire 8. Descubra 9. Pare 10. Tente 11. Coma 12. Consuma 13. Tome 14. Faça 15. Saia 16. Volte

9. 1. Levanta-te/BP Levante-se! 2. Sê/BP Seja 3. vás/BP vá 4. mintas/BP minta 5. Fica/BP Fique 6. Vai/BP Vá 7. Diz-me/BP Diga-me 8. digas/BP diga 9. Põe/BP Ponha 10. venhas/BP venha 11. Vem/BP Venha 12. Dá/BP Dê 13. te pintes/BP se pinte 14. Deixa-me/BP Me deixe 15. Controla-te/BP Controle-se! 16. voltes/BP volte 17. Veste-te/BP Vista-se 18. Diz/BP Diga 19. Acende/BP Acenda 20. Fecha/BP Feche

10. 1. Apressem-se! 2. façam 3. Façam 4. Falem 5. Traduzam 6. Esforcem-se 7. Escrevam 8. Trabalhem 9. se mexam 10. Sentem-se 11. estalem 12. metam 13. Acabem 14. fechem

11. 1. Cheguem-se 2. Sigam-me 3. Tenham 4. Inscrevam-se 5. bebam 6. se afastem 7. Coloquem 8. se esqueçam 9. Desliguem 10. se preocupem

12. 1. Não ponhas/BP ponha/coloque os cotovelos na mesa! 2. Por favor, sente(m)-se aqui! 3. Não exageres/BP exagere! 4. Não se preocupe(m)! 5. Por favor, abre/BP abra! 6. Deixa-nos/BP Deixe-nos em paz! 7. Diga(m)-me o que aconteceu! 8. Não chegues a/BP auch: em casa tarde! 9. Por favor, dá-me/BP dê-me/me dê mais arroz! 10. Não me façam ficar nervoso/a! 11. Diz/BP Diga a verdade! 12. Ponha-se/BP Se coloque no meu lugar. 13. Serve-te/BP Sirva-se! 14. Veste-te/BP Vista-se depressa! 15. Verifica/BP Verifique se a porta está fechada! 16. Não conduzas demasiado rápido/BP dirija muito rápido! 17. Assoa/BP Assoe o nariz! 18. Não acordes/BP acorde as crianças! 19. Não te faças de parvo/BP se faça de bobo!! 20. Por favor, tira/BP tire os pés da cadeira! 21. Não metas/BP meta/coloque/enfie o dedo no nariz!/Não palite o/seu nariz! 22. Vai/BP Vá para a cama! 23. Não te esqueças/BP se esqueça de comprar o presente! 24. Apaguem as luzes! 25. Prova/Experimenta/BP Prove/Experimente a saia azul! 26. Não rias/BP ria dele! 27. Não te faças/BP se faça de doente! 28. Dirige-te/Dirija-se ao Sr. Martínez. 29. Vai/BP Vá cortar o cabelo! 30. Não percas/BP perca a paciência! 31. Começa/BP Comece a trabalhar! 32. Siga em frente! 33. Não discutam! 34. Não diga/conte a ninguém!

Lösungen von Kapitel 15

1. 1. O incêndio terá sido provocado por um curto-circuito. 2. A mulher foi sequestrada por dois criminosos. 3. A notícia tinha sido divulgada por todos os jornais. 4. Todos os edifícios da cidade foram destruídos pelos bombardeamentos. 5. Uma mulher de 72 anos foi atropelada por um camião/BP caminhão. 6. Muitos voos foram cancelados por causa da greve. 7. Como poderia ser melhorada a situação?/BP Como a situação poderia ser melhorada? 8. O escritório é limpo pela mulher de limpeza/BP faxineira. 9. A ideia foi aceite/BP aceita pela maioria.10. Ultimamente, muitos carros têm sido rebocados. 11. Esta proposta nao será tomada a sério por ninguém. 12. A vítima foi libertada pela polícia. 13. Muitas escolas têm sido construídas nos últimos anos. 14. No caminho de volta para casa, um amigo nosso foi assaltado por três jovens. 15. O contrato será assinado amanhã.

2. 1. Uma turista estrangeira foi assaltada por dois ladrões. 2. As encomendas foram entregues/entregadas pelo carteiro. 3. A teoria copernic(i)ana não foi aceite/BP aceitada pela Igreja. 4. A menina foi salva pelo meu/BP por meu amigo. 5. Foi acesa uma fogueira para assar sardinhas. 6. Alguns virus podem ser transmitidos pelas carraças/BP pelos carrapatos. 7. Muitos náufragos tinham sido salvos pela patrulha costeira. 8. Este produto é vendido a um preço exorbitante.

3. 1. Todos os colegas de turma/BP classe amam a/BP amam (a) Maria. 2. Têm que resolver o problema de outra maneira. 3. Fizeram muitas tentativas para melhorar a situação. 4. Quem divulgou essa falsa notícia? 5. O chefe felicitou a jovem colega. 6. Por que razão a gerência rejeitou a proposta? 7. Todos os países membros assinarão o tratado. 8. Uma empresa especializada deve realizar este trabalho. 9. O Papa recebeu o coro em audiência privada. 10. Um raio atingiu a torre.

4. 1. A cidade foi destruída por um terramoto/BP terremoto. 2. Os dois meninos foram surpreendidos a roubar dois telemóveis/BP surpresos roubando dois celulares. 3. Eu não quero ser incomodado/a. 4. O campanário tinha sido atingido por um raio. 5. Fomos recebidos muito afe(c)tuosamente. 6. O novo presidente da Câmara/BP prefeito será eleito amanhã. 7. Muitos acidentes poderiam ser evitados. 8. Fui picado/a. 9. Três hospitais foram construídos nos últimos anos. 10. As moedas tinham sido encontradas por um agricultor/BP fazendeiro. 11. Este problema deve ser resolvido de maneira diferente. 12. Uma decisão será tomada só no próximo mês. 13. Na minha opinião, deve ser investido mais dinheiro em educação. 14. O réu tinha sido visto por uma testemunha no local do crime. 15. Por que motivo/razão foi cancelado o jogo/BP o jogo foi cancelado? 16. O incêndio foi causado por um curto-circuito. 17. A mulher tinha sido sequestrada por um grupo de terroristas. 18. Os feridos estão a ser/BP sendo tratados em vários hospitais. 19. Na minha opinião, esse desastre poderia ter sido evitado. 20. Os jornais diários são impressos de noite.

5. 1. Certos substantivos só se usam no singular. 2. Muitos resíduos podem-se reciclar./Pode-se reciclar muitos resíduos. 3. No mundo todo reforçam-se as medidas de segurança. 4. Essas duas palavras confundem-se/BP se confundem muitas vezes. 5. Não se fazem exceções. 6. Hoje em dia, despertam-se/BP se despertam falsas necessidades para aumentar a produção. 7. Usam-se/BP Se usam vários métodos. 8. Desta maneira pode(m)-se fortalecer as defesas imunológicas. 9. Exigem-se bons conhecimentos da língua inglesa. 10. O silicone usa-se/BP se usa em cirurgia plástica para aumento dos seios. 11. Em Angola falam-se/BP se falam várias línguas. 12. Mediram-se valores elevados.

6. 1. O funcionário foi despedido/demitido por roubo. 2. Na entrevista, perguntaram-me quantas línguas estrangeiras eu sabia. 3. Ela não foi ajudada por ninguém. 4. Isto tem que ser festejado! 5. A nossa/BP Nossa casa foi assaltada ontem. 6. Houve muitas risadas/gargalhadas nessa noite. 7. O senhor/A senhora/Você já está a ser/BP sendo servido/a? 8. Quando é que você(s) se casa(m)? 9. Há/Existem greves em muitas cidades. 10. Mentiram-me/BP para mim. 11. Ela ficou com a custódia dos filhos. 12. Ele foi felicitado/BP parabenizado por todos. 13. Cuidado com os carteiristas/BP batedores de carteira. 14. Eles nunca foram perdoados. 15. Pode-se/BP Você pode dançar. 16. O bebé/BP bebê ainda mama. 17. São desaconselhadas viagens para essa região.

7. 1. Como se diz em português? 2. Isso não se diz/BP fala. 3. Não se pode(m) resolver os problemas desta maneira. 4. Eu não fui convidado./Não me convidaram. 5. Há que ter/BP A gente/Você tem que ter paciência/ser paciente. 6. As pessoas acostumam-se/BP A gente/Você se acostuma a tudo. 7. É preciso pouco/Pouco é necessário para ser feliz/Precisamos de pouco para ser felizes. 8. Essas coisas não podem ser encobertas./Não se pode(m) encobrir essas coisas. 9. São necessários dois metros de tecido para este vestido./BP Você precisa de dois metros de tecido para este vestido. 10. Não se pode estar satisfeito com este resultado. 11. Roubaram-me todos os documentos. 12. Só se é/BP Você só é jovem uma vez. 13. Acostumamo-nos/As pessoas acostumam-se/BP Você se acostuma a todo.

Lösungen von Kapitel 16

1. 1. me 2. se 3. te/se 4. se 5. nos 6. te/se 7. se 8. se 9. me/vos 10. se

2. 1. encontramo-nos 2. Vocês já se lavaram? 3. sentimo-nos mal 4. Eles não se atrevem a dizer a verdade 5. Vamo-nos embora 6. Não nos queremos zangar contigo/convosco. 7. Agasalhem-se.

3. 1. Perco-me com frequência 2. Sinto-me confortável aqui 3. O aluno levanta-se cedo 4. Ponho-me a chorar 5. Por que é que você se vai embora ? 6. Serve-te/Sirva-se/BP Sirva-se.

4. 1. Vocês já se lavaram? 2. Olha-te ao espelho/BP Olhe-se no espelho! 3. Eu não me lembro. 4. Por que é que ele se matou? 5. Veste-te depressa!/BP Vista-se depressa! 6. Magoei-me./Feri-me./BP Me machuquei. 7. Os alunos (com)portaram-se/BP se comportaram bem. 8. O nosso filho apaixonou-se pela filha dos nossos vizinhos./BP Nosso filho se apaixonou pela filha de nossos vizinhos. 9. Ainda não me barbeei. 10. Não sei a quem dirigir-me. 11. Senta-te/BP Sente-se! 12. Ocupo-me a estudar línguas estrangeiras. 13. Não me posso permitir/posso permitir-me/BP me permitir tal luxo. 14. Vou-me esforçar/esforçar-me. 15. Nós revezamo-nos ao volante/BP Nos revezamos ao volante. 16. Se não me engano, a esposa dele é alemã. 17. Ela tem vergonha do/BP de seu comportamento. 18. Não me posso queixar. 19. Não te metas/BP se meta com ele. 20. O motorista não se pode identificar. 21. Não faças cerimónias/BP faça cerimônias!

5. 1. Vais-te arrepender/BP Você vai se arrepender/se arrependerá dessa decisão. 2. Não gosto de me levantar cedo. 3. Criei-me no campo. 4. Essa menina parece-se/BP se parece muito com a mãe. 5. O volume de negócios/vendas dobrou. 6. Não posso imaginar uma coisa dessas. 7. Eu quero repousar um pouco. 8. Com que idade é que os professores se reformam/BP se aposentam na Alemanha? 9. A que se deve esta doença? 10. A nossa filha doutorou-se/BP Nossa filha se doutorou em História.

6. 1. O rio corre serpenteando pelo vale. 2. A Terra gira em torno do Sol. 3. As condições de trabalho pioraram. 4. A conta monta a 2.500 euros. 5. Eu quero descansar um pouco. 6. Não quero que interfiras/te intrometas/BP você interfira/se intrometa nos meus negócios. 7. Lava/BP Lave as mãos antes de comer! 8. Vou vomitar. 9. Quem cuida das crianças? 10. O carro capotou três vezes. 11. O Luis/BP (O) Luis nem sequer nos agradeceu. 12. Ninguém atende. 13. Enxuga/BP Enxugue as mãos. 14. Gosto de conversar com ele. 15. A situação melhorou. 16. Alguns generais conspiraram contra o ditador. 17. Torci o pé. 18. Eu tenho que pensar sobre isso primeiro.19. Os teus/BP Seus pontos de vista diferem dos meus 20. Isso soa bem. 21. O casal deseja um bebé/BR bebê.

7. 1. Eu mudei de ideia. 2. Eu primeiro tenho que tomar um duche/BP uma ducha/um banho. 3. Não vale a pena. 4. Ficámos/BP Ficamos noivos em maio. 5. Finalmente chegaram a um acordo. 6. Tens/BP Você tem que ter paciência. 7. Põe/BP Coloque o cinto (de segurança)! 8. A minha mulher está a mudar/BP

Minha esposa está mudando de roupa. 9. Ele limpou a garganta o tempo todo. 10. Eu tinha marcado o número errado. 11. Fiquei mal do estômago. 12. Temos que pôr-nos na bicha/BP fazer fila. 13. Marcámos/BP Marcamos um encontro para as cinco horas. 14. Pedi dinheiro emprestado ao meu irmão. 15. O tecido é macio ao conta(c)to da pele. 16. O a(c)tor assumiu-se (como homossexual)/ saiu do armário. 17. Fizemos amor lá pela primeira vez. 18. O nosso/BP Nosso filho ainda não se desligou/independentizou de nós/se autonomizou/continua ainda agarrado a nós. 19. O meu/BP Meu pai gosta de se ouvir falar.

8. 1. Nós conhecemo-nos/BP nos conhecemos há um ano. 2. Eles abraçaram-se/BP se abraçaram calorosamente. 3. Telefonamos um ao outro todos os dias./BP Ligamos um para o outro todos os dias. 4. Eles beijaram-se no elevador. 5. Eles cumprimentaram-se. 6. Por que é que eles se querem separar? 7. Nós deixámos de nos falar/Não falamos um com o outro/ uma com a outra.

Lösungen von Kapitel 17

1. 1. é 2. está 3. estão 4. está 5. estava 6. estão 7. São 8. está 9. está 10. somos 11. é 12. estava 13. é 14. seria 15. é 16. Estão 17. Era 18. está 19. é 20. está 21. foi 22. estão 23. está 24. estão 25. está 26. são 27. é 28. é 29. é 30. estava 31. está 32. é 33. está 34. estão 35. estava 36. é 37. Está 38. é 39. Eram 40. está 41. está 42. foi 43. está 44. são 45. é 46. sou 47. está 48. é 49. estará

2. 1. estava 2. estou 3. está 4. está 5. fui 6. esteve 7. é 8. será 9. estava 10. está 11. estão 12. está 13. está 14. estão 15. são 16. está 17. sou 18. é 19. está 20. é 21. Está 22. estão 23. é 24. estava 25. é 26. estão 27. está 28. está 29. é 30. é 31. é 32. está 33. é 34. Estamos/Somos 35. está/é 36. está 37. é 38. estavam 39. é 40. é 41. sou 42. estou 43. está 44. são/estão 45. está 46. estava 47. está 48. é 49. é 50. foi

3. 1. Sou do Brasil. 2. Esta fruta é rica em vitaminas. 3. O meu/BPMeu pai é muito culto. 4. Eu fiquei tão surpreendido/a. 5. O nosso/BP Nosso casamento foi feliz. 6. A situação está sob controlo/BP controle. 7. Já esteve alguma vez na Espanha? 8. A minha/BP Minha filha esteve esta tarde muito faladora. 9. Estou velho para o mercado de trabalho. 10. Quando é a prova oral? 11. A nossa/BP Nossa mãe é uma pessoa equilibrada. 12. O namorado da/BP de Maria é calado. 13. O telemóvel/BP celular dela está desligado. 14. Eu não nasci ontem/não sou de ontem. 15. Eu estou muito gordo/a. 16. A porta estava aberta. 17. Esta história é muito triste. 18. A decisão foi unânime. 19. A sanita está entupida/BP O vaso sanitario está entupido. 20. A toalha de/da mesa está suja. 21. A nossa/BP Nossa máquina de lavar roupa/BP auch: lavadora está estragada. 22. A minha/BP Minha irmã é fraca em Física. 23. As crianças são muito curiosas. 24. Não grite! Eu não sou surdo! 25. O meu/BP Meu irmão nunca chega a horas. 26. Eu estava seguro/tinha certeza de que tudo ia/iria correr bem. 27. O pão está duro. 28. Nós estamos orgulhosos da/BP de nossa filha. 29. Milhões de pessoas estão sem trabalho. 30. Vários deputados estão envolvidos neste escândalo. 21. Este caminho é muito estreito. 32. O pêssegos são doces? 33. Não podiam trabalhar porque estavam doentes. 34. O seu passaporte já não é válido./BP Seu passaporte não é mais válido. 35. É um pouco longe. 36. A que horas é a missa? 37. O meu/BP Meu marido está desempregado. 38. O peixe é saudável.

Lösungen von Kapitel 18

1. 1. fascinante 2. convincente 3. seguinte 4. surpreendente 5. urgente 6. atenuantes 7. excelente 8. subsequente 9. insuficiente 10. deslumbrante

2. 1. um acontecimento inquietante/inquietador 2. o mês corrente 3. uma ideia brilhante 4. uma experiência angustiante 5. um romance fascinante 6. um trabalho imponente 7. um católico praticante 8. os alunos presentes/ausentes 9. um espetáculo impressionante 10. um crime chocante 11. água corrente 12. palavras reconfortantes 13. circunstâncias agravantes 14. uma representação decepcionante 15. uma derrota deprimente 16. com crescente interesse 17. um temperamento exuberante 18. no minguante/crescente da lua 19. o fa(c)tor determinante 20. com velocidade constante 21. empresas concorrentes 22. a juventude adolescente

3. 1. duas afirmações contraditórias 2. um resultado satisfatório 3. um rapaz/BP garoto promissor 4. um olhar significativo 5. o atual campeão 6. padrões de comportamento baseados em violência, corrupção e egoísmo 7. as espécies em vias de extinção 8. as crianças sentadas à mesa 9. a população faminta 10. uma criança a dormir/que dorme/BP dormindo 11. a população trabalhadora 12. a expressão apropriada 13. um evento sensacional 14. uma obra que marcou a sua época 15. os países exportadores de petróleo 16. texto com tradução paralela 17. o país de acolhimento 18. medidas de acompanhamento 19. um resultado animador 20. o tempo disponível 21. um olhar interrogativo 22. uma viagem fatigante/cansativa 23. a farmácia de serviço 24. os países beligerantes 25. uma economia próspera 26. uma atividade lucrativa 27. a próxima geração 28. um vestido justo 29. profundas mudanças sociais 30. na oportunidade quando calhar 31. aplausos intermináveis 32. um erro irreparável 33. a esmagadora maioria 34. um remédio diurético 35. uma observação depreciativa 36. uma rapariga/menina/BP garota adorável 37. medidas drásticas 38. o contrato a expirar/BP expirando 39. a batalha decisiva 40. sob um calor abrasador 41. um sorriso encantador 42. com o devido respeito 43. palavras encorajadoras 44. o gerente adjunto 45. Bocejar é contagioso. 46. o texto introdutório 47. uma vantagem tranquilizadora 48. o diretor administrativo 49. um comportamento cara(c)terístico dele 50. um gesto provocativo 51. a chuva contínua 52. a economia estagnada 53. um líquido fétido 54. a destruição progressiva do meio ambiente 55. os resultados desanimadores 56. o leite a ferver/BP fervendo 57. uma mulher deitada na praia 58. uma mulher encantadora

4. 1. morta 2. existente 3. cometidos 4. investidos 5. prevista 6. pertencentes 7. relacionadas 8. causados 9. desencadeada 10. feita 11. preocupante 12. procedente 13. escrita 14. postos 15. preocupadas 16. aberta 17. visto 18. envolvidos 19. feitos

5. 1. O texto traduzido em/para português contém muitos erros. 2. A reconstrução das cidades devastadas/destruídas pela guerra irá levar muitos anos. 3. Os textos contidos na antologia são todos de escritores contemporâneos. 4. As objeções levantadas pelo governo inglês são improcedentes/não são convincentes. 5. A lista das promessas não cumpridas é longa. 6. Provavelmente trata-se/BP se trata de um crime cometido por terroristas. 7. A mulher resgatada dos escombros está fora de perigo. 8. Devemos garantir a prosperidade alcançada com esforço, sem destruir o meio ambiente. 9. É uma citação tirada/desligada/isolada do seu contexto. 10. Os trabalhadores despedidos pela empresa têm pouca esperança de encontrar rapidamente um novo emprego. 11. O rapaz/BP garoto/menino ferido no acidente foi hospitalizado. 12. A mulher/BP esposa maltratada pelo marido pediu o divórcio. 13. O aluno intimidado pelos seus/BP por seus companheiros não teve a coragem de abrir-se com o seu/BP com seu professor. 14. Esta é a lista dos objetos roubados. 15. Eu não gostaria de viver em um país governado por um ditador. 16. As medidas adotadas pelo governo visam (a)/têm como obje(c)tivo fomentar/impulsionar a indústria. 17. A moção apresentada pela oposição foi rejeitada.

Lösungen von Kapitel 19

1. 1. está chovendo 2. estão trabalhando 3. está lendo 4. estou dormindo 5. estão dando 6. estou fazendo 7. estão indo 8. estou ouvindo 9. estão vindo 10. está pondo 11. estamos saindo 12. estou trazendo 13. estão rindo 14. estão pedindo 15. estou vendo 16. estão indo 17. estou sofrendo 18. está vindo 19. estou medindo 20. estou perdendo

2. 1. Apressando-se, você poderá ... 2. Saindo da loja, vi o/BP - meu antigo professor de latim. 3. Vi o/BP - meu antigo professor de latim saindo da loja. 4. Sendo bilingue, ... 5. Não estudando bastante, ... 6. Olhando de perto, você poderá ... 7. Mesmo estando zangados/brigados, ... 8. Ouvindo a notícia, ... 9. Fumando menos, ... 10. Tendo rebentado um cano de água, ... 11. Não tendo lido o livro, ... 12. Trabalhando no jardim, ...

3. 1. Como não conseguimos arranjar tanto dinheiro, ... 2. Embora não estivesse preparada, ... 3. O motorista perdeu o controle do carro porque estava distraído com o telemóvel/BP celular. 4. Se vocês tivessem prestado mais atenção, não teriam ... 5. Quando cheguei ao escritório, …6. Enquanto esperava na paragem de autocarro/BP no ponto de ônibus, vi ... 7. Se tivéssemos pegado um táxi, ...

4. 1. Não se pode(m)/BP Você não pode resolver os problemas ignorando-os. 2. Os alunos saíram correndo da sala de aula. 3. Comendo demais, engordei três quilos numa semana.4. A amante matou-se/BP se matou precipitando-se/atirandos-se de uma torre. 5. Escrevendo muito depressa, fiz muitos erros. 6. Tomando o comboio/BP trem das seis, chegaremos por volta das dez. 7. Tendo tomado o comboio/BP trem das seis, teríamos chegado por volta das dez. 8. Mesmo falando bem a língua, nem sempre é fácil entender o que os portugueses dizem. 9. O menino saiu batendo a porta atrás de si. 10. (No) outro dia surpreendi o/surpreendi meu chefe beijando a secretária. 11. O empregado fez um gesto como querendo dizer-me/BP me dizer que não sabia. 12. Consegues/BP Você consegue imaginar o/BP imaginar (o) Marcelo jogando ténis/BP tênis? 13. Ela ganha a vida fazendo limpezas. 14. Alfonso X enriqueceu o léxico espanhol introduzindo palavras árabes e latinas. 15. A minha mulier/BP Minha esposa apanhou/surpreendeu/BP pegou a/BP pegou nossa filha fumando na casa de banho/BP no banheiro 16. Seguindo o conselho do marido, a/BP (a) Luísa colocou um anúncio nos jornais mais importantes. 17. O carro do amigo dele caiu por um declive, capotando várias vezes. 18. O motorista conseguiu evitar a colisão travando/BP freando com força. 19. Comportando-te/BP Comportando-se dessa maneira, não receberás/BP você não receberá nada. 20. Vendo o cão/BP cachorro do guarda, o ladrão desapareceu. 21. Os alunos estão a fazer/BP fazendo muito barulho. 22. O Sr. Pereira está sentado na sala lendo o jornal calmamente. 23. Ontem passámos/BP passamos a noite a festejar/BP festejando. 24. Vamos indo/a pé. 25. Ensinando aprende-se/BP se aprende. 26. Poderias/BP Você poderia melhorar o teu/BP melhorar seu alemão desfrutando de umas férias agradáveis. 27. Ontem passei o dia a ler/BP lendo. 28. Leio ouvindo música. 29. Passei meia hora preenchendo o questionario/ formulário. 30. Bebendo muita cerveja, o/BP meu marido ficou com barriga. 31. Mesmo comendo por quatro, ele não engorda. 32. Estando assim as coisas, é melhor não insistir. 33. Esperando o autocarro/BP ônibus, ocorreu-me/BP me ocorreu a solução para o problema 34. Arrumando o sótão, encontrei os boletins escolares do/BP de meu pai. 35. Adormeço muitas vezes vendo/BP assistindo TV. 36. Eu relaxo pintando.

Lösungen von Kapitel 20

1. 1. de 2. de/BP - 3. a 4. de 5. de 6. em 7. de 8. a 9. para 10. - - 11. – 12. a 13. em 14. – 15. de 16. - 17. a 18. - 19. a 20. de 21. de 22. - 23. - 24. a 25. a 26. - 27. - 28. em 29. - 30. a 31. de 32. - 33. em 34. para 35. a 36. -/EP auch a 37. para 38. a 39. - 40. em 41. a 42. - 43. de 44. a 45. de 46. a/para 47. para/a 48. por 49. em 50. -/para 51. de 52. por 53. em 54. a 55. em

2. 1. Depois de 2. em vez de 3. até 4. ao 5. sem 6. por 7. apesar de 8. Além de 9. a tal punto de 10. Antes de 11. De tanto 12. a fim de 13. por 14. depois de, sem 15. sob o pretexto de 16. Apesar de

3. 1. Ele prometeu encarregar-se do assunto. 2. Não tenho vontade de me envolver em discussões ideológicas. 3. A caligrafia era difícil de ler. 4. O meu/BP Meu colega ofereceu-se/BP se ofereceu para nos levar a casa. 5. Quem te ensinou a dançar? 6. Farias/BP Você faria bem em emagrecer um pouco. 7. A menina permanece sentada no carro. 8. A minha/BP Minha mãe passava o tempo/entretinha-se a fazer/BP fazendo palavras cruzadas. 9. A empregada da loja tentou convencer-me/BP me convencer a comprar o vestido.10. Ele fingiu/afirmou não a conhecer. 11. Não foi fácil fazê-lo mudar de ideia.12. É um prazer ouvi-la tocar piano. 13. Estas medidas visam fomentar/EP (auch) a fomentar a indústria. 14. A testemunha alega ter visto o acusado na loja. 15. O problema consiste em arranjar os fundos necessários. 16. Não me lembro de ter visto o filme. 17. Ele não se atreveu a contradizê-la. 18. Estou arrependido de ter dito isso. 19. O cliente recusou-se/BP se recusou a pagar a fa(c)tura porque era muito avultada. 20. Ela decidiu terminar a relação com o amante. 21. Essas/Estas oportunidades permitem às mulheres conjugar/combinar a vida familiar com a vida profissional. 22. Juro de dizer a verdade. 23. Sou obrigado/a a trabalhar até aos/os 65 anos. 24. Esqueci-me/BP Esqueci de levantar duzentos euros. 25. Essas medidas podem ajudar a/contribuir para melhorar as relações internacionais. 26. Planeamos/BP Planejamos passar as férias na Grécia no próximo ano.

4. 1. sem os pais saberem 2. é melhor vocês ficarem 3. provável aceitarmos 4. melhor os pais venderem ... e comprarem 5. antes de os convidados chegarem 6. raro ele cometer 7. Basta teres/BP você ter dezoito anos para poderes/poder entrar.

5. 1. É melhor irmos a pé. 2. Cuidado para não escorregares/BP você não escorregar. 3. Pede-lhe/BP Peça para ele me esperar. 4. É lamentável não teres/BP você não ter obtido o emprego. 5. Ao chegarmos, todos os lugares estavam ocupados. 6. Este não é o lugar adequado para as crianças brincarem. 7. Fomos/Éramos uma família feliz até a/BP até nossa filha perder a vida num acidente de automóvel. 8. Estou cansado/farto de eles me ligarem todos os dias. 9. É raro o/BP raro meu marido falar sobre assuntos de negócios. 10. Antes de o avião descolar, os passageiros devem apertar os cintos de segurança. 11. O hotel preparou tudo para os turistas se sentirem bem. 12. Vi-os beijarem-se/BP Eu os vi se beijando na/em frente da/BP em frente à/na frente da escola.

6. 1. Não precisas de vir buscar-me./BP Você não precisa vir me buscar. 2. Não precisas de te preocupar./BP Você não precisa se preocupar. 3. Não precisas de/BP Você não precisa pagar nada. 4. Não precisas de envergonhar-te/BP Você não precisa se envergonhar. 5. Só precisas de perguntar. 6. Não é para admirar./Não é caso de admiração!

7. 1. Posso ajudá-lo/la? 2. Não se deve exagerar. 3. Não devias/BP Você não deveria ter feito isso. 4. ..., se é que assim posso dizer 5. Posso provar? 6. Não se pode/é permitido/É proibido fumar aqui. 7. Ele tem diabetes; ele não pode comer nada doce. 8. O déficit deve chegar a dois milhões de euros. 9. Isso não pode ser verdade. 10. Posso incomodá-lo/la por um momento? 11. Tais coisas não devem acontecer. 12. O teu/BP Seu pai deve ter razão. 13. Deve ser tarde demais. 14. Não podes ver/tens autorização para ver/BP Você não tem permissão para assistir TV hoje. 15. Posso servir-te?/BP te servir um pouco mais de vinho? 16. Posso tirar a conta?

8. 1. Isso pode acontecer com qualquer um. 2. Sabes/BP Você sabe tocar piano? 3. Podes-me/BP Você pode me dizer que horas são? 4. Eu não sei andar de bicicleta. 5. A minha mulher sabe conduzir//conduz bem./BP Minha esposa sabe dirigir/dirige bem. 6. Nem imaginas/BP Você não imagina o que aconteceu ontem. 7. Podia chamar-me um táxi? 8. Não podemos deixar de aceitar o convite. 9. Não consigo dormir. 10. A julgar pela aparência, pensar-se-ia que ele é alcoólico/BP você pensaria que ele é alcoólatra. 11. Sabes/BP Você sabe (falar) alemão? 12. Torci o pé. Não posso dançar. 13. O senhor/A senhora/Você pode falar alemão comigo. 14. Como se/BP você pode ser tão estúpido? 15. Não pude deixar de rir. 16. Não consigo imaginá-lo como professor. 17. Posso imaginar. 18. Quem poderia ter sido? 19. Podia embrulhar/ embrulhá-lo/la? 20. A tua/BP Sua mãe é capaz de ter razão. 21. Podíamos ter escolhido outro dia. 22. Por um momento eu não consegui dizer nada. 23. A menina nunca mais deixava/parava de rir.

9. 1. Mãe, deixa-me/BP deixe-me ir ao cinema! 2. Vamos para casa! 3. A qualidade deja muito a desejar. 4. Não se incomode! 5. Por favor, deixe-me passar! 6. Eu tenho que fazer um raio X. 7. O texto pode ser dividido em três partes. 8. Deixe o chá em infusão cinco minutos. 9. Eu tinha deixado a luz acesa. 10. Por que é que os teus/BP Por que seus pais se divorciaram? 11. Essas/Estas/Aquelas experiências amadureceram-no/BP o amadureceram. 12. A porta não abre. 13. Ela fez-me/BP me fez esperar meia hora. 14. O meu/BP Meu marido deixou a chave na fechadura. 15. Vou-me reformar/BP Vou me aposentar no próximo ano. 16. O Sr. Pimenta pede que o desculpem, é que lamentavelmente ele não pode comparecer. 17. Cortei o cabelo curto. 18. Eu quero/vou deixar crescer a barba./BP Eu quero crescer barba. 19. Os pontos principais podem ser resumidos da seguinte forma:... 20. Mandámos pintar/BP Pintamos a fachada da/BP de nossa casa. 21. Hoje o professor de inglês deixou os alunos sair/BP sair/sairem mais cedo.

10. 1. Eu não gosto de comer isso. 2. El que entre. 3. Eu gostava/gostaria de acrescentar mais uma coisa. 4. Ele prefere ver televisão /BP assistir TV a dar um passeio. 5. Quem será?/Quem poderá ser? 6. Queres/BP Você quer um café?/Aceita um cafezinho? 7. Pode ser que ele seja um bom cientista, mas não acho que ele sirva para professor. 8. Por mais frio que esteja, eu apesar disso, irei de bicicleta. 9. A esposa dele poderá ter 50 anos.

11. 1. Eu tenho que ir às compras. 2. Amanhã tenho que ir ao dentista. 3. Deves/BP Você deve estar muito cansado/a. 4. Ele teve que ser hospitalizado/levado ao hospital. 5. Tem que haver uma explicação. 6. Não pude deixar de rir./Tive mesmo que rir. 7. Eu tenho que perder 5 quilos. 8. Temos que nos apressar/despachar. 9. Não há nada de que deverias ter vergonha/envergonhar-te/BP você deveria ter vergonha/se envergonhar. 10. Por que é que vocês têm que estar sempre a brigar?/BP Por que vocês estão sempre brigando? 11. Está-me a dar vontade de/BP Tenho que espirrar. 12. Deve ter chovido. 13. Há que adaptar-se/BP Tem que se adaptar às circunstâncias. 14. Se for absolutamente necessário.

12. 1. O que fazer/O que é que/BP O que hei-de fazer? 2. Eu não sei o que fazer/hei-de fazer. 3. Devo fechar/Queres/Quere BP Você quer que feche a janela? 4. O ele(c)tricista devia chegar às 8h. 5. Diz-lhe/BP Diga a ele que me espere/para me esperar. 6. Devias/Deverias/BP Você devia/deveria ficar na cama. 7. Não matarás. 8. Dizem que ela está doente. 9. Por onde devo começar? 10. Não devias/BP Você não deveria ter feito isso. 11. Será que está grávida? 12. Se chover, adiamos o passeio. 13. Eu disse uma coisa dessas? 14. Que o diabo te leve/BP carregue! 15. Como é que eu sei isso? 16. Dizem que o ataque matou cerca de 50 pessoas entre a população civil. 17. Onde é que devo colocar as chávenas/BP xícaras? 18. Devias/BP Você deveria ter feito de outra maneira. 19. E é a isto/isso que se chama arte? 20. Tu vais pagá-las!/Tu hás-de pagar-mas!/BP Você me paga! 21. Diz-se que anda um exibicionista lá pela estação. 22. O que é que/BP O que eu hei-de vestir? 23. O tio dele participou numa/BP de uma expedição ao Brasil da qual ele nunca mais voltaria/havia de voltar.

13. 1. O nosso/BP Nosso filho quer ser médico. 2. Eu estava para sair de casa quando o telefone tocou. 3. Queremos casar-nos/BP nos casar em maio. 4. A testemunha diz ter visto o ladrão sair correndo da loja. 5. Se quiser, podemos ir juntos. 6. Vamos apostar? 7. Hoje vamos falar sobre poluição. 8. O que queres/BP você quer ser/fazer quando cresceres/crescer? 9. E é isto um professor? 10. Isso não significa/quer dizer nada. 11. Espero que não. 12. É o que eu ia dizer.

Lösungen von Kap. 21

1. 1. anda a 2. deixou de 3. está a 4. acabou de 5. conseguiu 6. voltar a 7. vai/acabou de 8. vem a 9. acabou por 10. preciso de/BP ohne de 11. estão a 12. desatou/começou a 13. começo a 14. anda a 15. acaba de 16. ficaram 17. me dou por 18. chegarei a 19. têm 20. Ficámos de/BP Ficamos

2. 1. A Luísa/BP Luísa não para de falar.2. Eu deixei de fumar 3. O desemprego continua a ser/BP sendo um problema. 4. Eles acabaram por aceitar a oferta. 5. Por que é que/BP Por que você não volta a casar-se? 6. A criança continua/permanece desaparecida.

3. 1. Está prestes a chover. 2. Eu tenho de/preciso de resolver/BP preciso resolver este problema. 3. Agora ponho-me/BP me ponho a estudar/meto-me/BP me meto a estudar. 4. A menina tornou a chorar. 5. Parou de trovejar. 6. Não deixo de tocar piano.

4. 1. A fábrica permanece/continua ocupada pelos grevistas. 2. Ontem à noite deixei a luz na cave/BP no porão acesa. 3. Eu continuo a aprender/BP aprendendo grego. 4. A televisão tinha ficado ligada. 5. Eu estou à espera já há duas horas/BP Estou esperando há duas horas./Faz duas horas que estou esperando. 6. O contabilista acabou por confessar que tinha desviado o dinheiro. 7. As camas estão por fazer. 8. Os convidados acabaram de chegar.

Lösungen von Kapitel 22

1. 1. a/BP (auch) – 2. para 3. A 4. por 5. para 6. de 7. de 8. de 9. por 10. de 11. em 12. – 13. a 14. com 15. a 16. por/em 17. a 18. em 19. a 20. a 21. em 22. de 23. – 24. – 25. para

2. 1. das 2. de 3. com 4. do 5. pelo 6. com 7. no 8. das 9. da 10. com 11. à 12. ao 13. da/BP de 14. à 15. do 16. numa/em 17. ao 18. ao 19. da 20. Do 21. com 22. pela 23. à 24. pela 25. numa 26. pela

3. 1. Fumar prejudica a saúde. 2. Ninguém sobreviveu à catastrofe. 3. O nosso/BP Nosso filho passou no exame. 4. Já paguei ao ele(c)tricista. 5. Com quem quer falar? 6. Por que mentiste à tua/BP Por que você mentiu para sua mãe? 7. Ninguém sabia/soube responder à pergunta. 8. As tropas iraquianas invadiram o Kuwait. 9. Farias/BP Você faria bem em seguir o conselho dele. 10. Onde o encontraste/BP Onde você o encontrou? 11. Eu felicitei-a/ parabenizei-a pelo nascimento do seu filho/BP Eu a felicitei/parabenizei pelo nascimento de seu filho. 12. Já telefonaste/ligaste à tua/BP Você já ligou/telefonou para sua cunhada? 13. Ela não se atreve a contradizer o marido. 14. Por que é que a empresa o despediu? 15. Preciso dum dicionário. 16. Agradeceste-lhe?/BP Você lhe agradeceu? 17. Estou certo/Tenho a certeza de que ele se arrependeu da/BP de sua decisão. 18. Ela não sabe como se há-de livrar dele.

4. 1. A imprudência custou-lhe a vida. 2. Ela perguntou-lhe a idade (dele). 3. Agradeci à minha vizinha pela sua ajuda/BP a minha vizinha por sua ajuda. 4. O raptor intentou extorquir dois milhões de euros ao propretário da empresa. 5. Ele pediu ajuda aos amigos. 6. O professor repreendeu o aluno pelo/BP por seu mau comportamento. 7. Ele faz depender a continuação da sua colaboração de/BP Ele condiciona sua ulterior colaboração a um aumento do salário/vencimento/ordenado.

5. 1. De que doença morreu ela/BP ela morreu? 2. Tem/BP Tenha cuidado com a tua/BP sua carteira! 3. Tenho que procurar outro emprego. 4. No que estás a pensar/BP você está pensando agora? 5. O semáforo muda para vermelho. 6. Segura-te/BP Segure-se à balaustrada! 7. O homem agarrou-me/BP me agarrou pelo braço. 8. Ela inveja a irmã pela/BP por sua bela figura. 9. Participaremos no/BP do evento. 10. A minha/BP Minha avó sofre de reumatismo. 11. Centenas de jovens candidatam-se/BP se candidatam/ concorrem todos os anos ao/competem pelo título de Miss Portugal. 12. Orientamo-nos/BP Nos orientamos pela catedral. 13. O que achas/BP você acha dessa/desta sugestão/proposta? 14. O autor está a trabalhar/BP trabalhando num novo romance. 15. Eu convidei-o/BP Eu o convidei para o meu/BP para meu casamento. 16. Podes/BP Você pode confiar nele. 17. Eu não me lembro dele. 18. Não se aponta o dedo às/para as pessoas! 19. Estamos preocupados com a saúde do/BP de nosso filho. 20. A nossa/BP Nossa filha tem o mau hábito de roer as unhas. 21. A que é que ele está a referir-se/fazer/BP fazendo alusão? 22. Fiquei muito feliz com o presente. 23. Não te preocupes/BP se preocupe comigo! 24. Esta palavra provém do latim. 25. Espero um futuro melhor. 26. Todos contribuíram para o sucesso da festa. 27. Esse costume remonta à Idade Média. 28. Ela está a ficar desesperada com o seu casamento/BP está desesperada com seu casamento. 29. Eu tenho que preparar-me/BP me preparar para o exame. 30. Hoje ela ainda sofre as consequências dum/de um acidente de trânsito. 31. A acusação é de homicidio. 32. Cheira o fiambre/BP Cheire o presunto para ver se ele ainda está bom. 33. Temos que limitar-nos/BP nos limitar ao essencial. 34. Contamos com a tua/BP com sua ajuda. 35. Eu não me envolveria numa empresa tão arriscada. 36. Quem cuida dos teus/BP está cuidando de seus filhos? 37. Não esperem por mim! 38. Como reagiu ele/BP ele reagiu à acusação? 39. Ela confia inteiramente no marido. 40. Temos que adiar a reunião para a próxima semana. 41. Estou ansioso pelas férias. 42. Por que estás sempre a olhar/BP você continua olhando para o relógio? 43. O irmão dela morreu de/BP de um ataque cardíaco. 44. A água consiste em hidrogénio/BP hidrogênio e oxigénio/BP oxigênio. 45. Eu queixei-me ao/BP Eu reclamei com o gerente. 46. Ele lembra-me o/BP me lembra meu falecido marido. 47. Concordamos com esses planos. 48. Candidatei-me/BP Eu me candidatei a uma bolsa de estudos. 49. Essas/Estas boas condições económicas/BP econômicas levarão a um declínio significativo do desemprego. 50. Não sei se o senhor/a senhora/você se lembra de mim. 51. Ele reprovou/não passou no exame de condução/BP direção.

6. 1. Engasguei-me/BP Eu me engasguei com uma espinha. 2. Temos que nos guiar/guiar-nos/BP nos guiar pelos desejos dos/BP de nossos clientes. 3. A criança é muito apegada à avó. 4. Eu não me consigo habituar/acostumar/habituar-me/acostumar-me/BP me habituar/acostumar a esta vida. 5. Quando ela está nervosa, rói as unhas. 6. A mulher queria vingar-se/BP se vingar do/de seu ex-marido. 7. A mulher/esposa dele vem de uma família de médicos. 8. A propriedade dos nossos vizinhos confina/pega com um campo desportivo. 9. Lembrámo-lo da/BP Nós o lembramos de sua promessa/do que ele prometeu. 10. Temos que nos adaptar/ adaptar-nos ao novo ambiente. 11. Eu dirigi-me/BP Eu me dirigi ao funcionário responsável. 12. Podes-me ajudar/ajudar-me nos meus trabalhos de casa/BP Você pode me ajudar com minha lição de casa? 13. A empresa não cumpriu o contrato. 14. Não te intrometas/BP se intrometa nessas disputas! 15. Os trabalhadores da construção civil bebem a cerveja pela garrafa. 16. Vi a mulher descer/sair de um táxi. 17. Acreditas/BP Você acredita na vida após a morte? 18. Ele denunciou o roubo à polícia. 19. Os hóspedes queixaram-se/BP se queixaram/reclamaram do péssimo serviço do hotel. 20. Pediste desculpa à tua/BP Você pediu desculpa a sua professora? 21. Devias/BP Você deveria ter vergonha do teu/BP de seu comportamento. 22. Juro por Deus que não matei essa/esta mulher. 23. Posso passar pela tua casa/BP em sua casa hoje? 24. A quadrilha tinha assaltado várias casas. 25. Eu não gastaria tanto num/não daria tanto por um vestido. 26. O dete(c)tive surpreendeu a rapariga/BP garota a roubar/BP roubando um perfume. 27. É por ti que tu deves começar/BP Você tem que começar com você mesmo. 28. De repente, o homem agarrou-me/BP me agarrou pelo braço. 29. Nós compramos sempre a carne no mesmo talho/BP do mesmo açougueiro. 30. Ele treinou-se/BP se treinou durante três meses para a maratona. 31. Não sou capaz de rir-me de piadas assim/BP Eu não posso rir de tais piadas. 32. O marido dela não está disposto a concordar com o divórcio. 33. Em que partido vais votar/BP você votará? 34. Cheira a esturro. 35. Os rebeldes/ insurgentes rebelam-se/insurgem-se/BP se rebelam contra o governo. 36. Temos que procurar uma nova empregada doméstica/mulher-a-dias/BP faxineira. 37. Usaremos todos os meios para nos defender contra essas/ estas acusações. 38. Eu cortei-me no dedo. 39. A nossa/BP Nossa filha mudou-se ontem/BP se mudou para o/BP seu novo apartamento. 40. Os ladrões invadiram o recinto da empresa de noite/BP auch: à noite. 41. Por favor, não interfiras/te metas/BP interfira/se meta nos meus negócios!

7. 1. Com quem estavas agora a conversar/BP você estava conversando agora? 2. Ele não sabe lidar com crianças. 3. Não se deve julgar pelas aparências. 4. Eu apaixonei-me/BP me apaixonei pela filha do/BP de meu professor de latim. 5. O homem tresandava/cheirava a suor. 6. Vou processar a empresa de construção. 7. Eu fiz queixa da empregada de mesa/BP me queixei/reclamei da garçonete. 8. Muitos trabalhadores temem pelos/BP pelos/por seus empregos. 9. O idoso tropeçou num degrau. 10. A chanceler distancia-se/BP se distancia da declaração do Ministro do Interior. 11. A terra gira à volta do sol. 12. Não te zangues/BP se zangue por tão pouco! 13. Como posso proteger-me/BP me proteger dessa doença? 14. Não consegui convencê-lo da minha ideia. 15. O cliente perguntou o preço. 16. Tu copiaste/BP Você copiou a solução do teu/BP de seu vizinho. 17. O hotel dispõe de 80 quartos e piscina. 18. Afasta-te desse rapaz//BP Fique longe desse garoto! 19. Estive a telefonar uma hora com a minha irmã hoje./BP Hoje falei com minha filha ao telefone por uma hora. 20. O artigo baseia-se num/BP se baseia em um estudo realizado em 2018. 21. O texto está repleto de erros. 22. Um senhor/cavalheiro perguntou por ti/BPvocê. 23. O barómetro/BP barômetro serve/usa-se/BP se usa para medir a pressão do ar. 24. Ficamos satisfeitos com um apartamento pequeno. 25. O presidente curvou-se/fez uma vénia perante o parlamento/BP fez uma vênia ao parlamento. 26. Ela inveja-o/BP o inveja pelos conhecimentos que ele tem de línguas estrangeiras. 27. Nós avisámos a nossa filha/BP Avisamos nossa filha desse homem/para se acautelar desse homem. 28. Felicito-te/Parabenizo-te calorosamente/do coração pelo teu/BP pelo seu 50º aniversário. 29. A negociação não deu resultado. 30. Na minha opinião, o senhor/a senhora/ você está a partir/BP partendo de suposições erradas. 31. O ladrão escondeu-se/BP se escondeu da polícia. 32. O réu foi condenado a três anos de prisão. 33. A decisão depende de muitos fa(c)tores. 34. Passamos ao próximo item da agenda. 35. A blusa diz bem/condiz com a tua/BP com sua saia. 36. Essas/Estas substâncias tóxicas afe(c)tam o organismo. 37. Os sindicatos convocaram uma greve. 38. É difícil uma pessoa conformar-se/BP se conformar com esse fa(c)to. 39. Não me vou pronunciar sobre este assunto. 40. Essas circunstâncias rezam a favor do acusado. 41. Ele tem que submeter-se/BP se submeter a uma cura de desintoxicação. 42. Esta casa desvalorizou-se/BP se desvalorizou. 43. Os empresários confrontam-se/BP se confrontam com/enfrentam grandes problemas. 44. Os trabalhadores estrangeiros contribuiram consideravelmente para o nosso crecimento económico/BP econômico. 45. Decidi retirar-me/BP me retirar da vida política.

8. 1. Eu trabalho num escritório como tradutora. 2. A Universidade de Salamanca é considerada a mais antiga da Espanha. 3. Eu sinto-me/BP Me sinto mais brasileira do que alemã. 4. Eu era bastante gorducha em pequena. 5. Eu já o conheço em rapaz/BP garoto/quando/desde que era rapaz/BP garoto. 6. Não consigo imaginar a Luísa/BP imaginar (a) Luísa como professora! 7. Para a sobremesa quero gelado/BP sorvete. 8. Os terroristas tomaram três turistas como reféns. 9. O jovem era conhecido pela polícia como consumidor de drogas. 10. Este ano vou vestir-me/BP me vestir de princesa. 11. O acusado fazia-se/BP se fazia passar por médico. 12. Acho esse tratamento discriminatório. 13. O professor foi o último a sair da sala de aula.

14. Posso levar isto como bagagem de mão? 15. Neil Armstrong foi a primeira pessoa a pisar a lua em 21 de julho de 1969. 16. O senhor/A senhora/Você pode embrulhar-mo/BP para mim como presente? 17. Cerca de 72% dos trabalhadores estrangeiros de origem turca descrevem-se/BP se descrevem como religiosos.

Lösungen von Kapitel 23

1. 1. devagar 2. algures 3. ontem 4. cedo 5. Ainda 6. realmente 7. A(c)tualmente 8. já 9. Talvez 10. nunca 11. daqui 12. assim 13. Infelizmente 14. Honestamente 15. Originalmente 16. de antemão 17. imediatamente 18. Debalde 19. daqui 20. bastante 21. ali 22. então

2. 1. ligeiramente 2. simplesmente 3. completamente 4. ardente e profundamente 5. bem 6. claramente 7. mal 8. plenamente 9. total ou parcialmente 10. loucamente

3. 1. pessoalmente 2. cortesmente 3. conscientemente 4. gratuitamente 5. detalhadamente 6. casualmente 7. cronológicamente 8. confidencialmente 9. propositadamente/BP propositalmente 10. desgraçadamente 11. imediatamente 12. unanimemente 13. frequentemente

4. 1. separado 2. caro 3. baixo 4. ilesos 5. baixo 6. cara 7. fundo 8. sedutoramente 9. nua 10. duro/duramente 11. impaciente 12. satisfeitas 13. meio 14. altamente 15. toda 16. separados.

5. 1. A Amália está a fazer os trabalhos de casa/BP (A) Amália está fazendo sua lição de casa. 2. Hoje eu prefiro ficar em casa. 3. O meu/BP Meu cunhado não para de falar. 4. Ela acabou de sair de casa. 5. Esperemos que o nosso/BP nosso filho passe no exame. 6. Eles acabaram por vender a casa. 7. Por que não voltas/BP você não volta/ a casar? 8. Os meus/BP Meus pais não gostam de voar. 9. Eles costumam estar em casa a esta hora. 10. Os avós não tardarão em chegar. 11. Continuamos a trabalhar/BP trabalhando.

6. 1. Todos ouviram/ouviam com interesse. 2. Eu pago sempre em dinheiro. 3. Nós vamos casar pela igreja. 4. Temos que/de aprender de cor/decorar o poema. 5. O assado cheira a queimado. 6. Não o leve/BP leve isso para uma tragédia. 7. Os ladrões desapareceram sem deixar rasto. 8. A minha mulher conduz/BP Minha esposa dirige com muita segurança. 9. Esta laranja tem um sabor amargo. 10. Ela é feliz no casamento. 11. Posso conta(c)tá-lo/la/entrar em contato consigo/BP Posso entrar em contacto com você por telefone? 12. Ele foi assassinado a sangue frio. 13. Posso falar com o senhor/a senhora/você em privado/em particular? 14. Pagam junto ou separado? 15. Felizmente, chegámos/BP chegamos à hora/pontualmente/pontuais/a tempo. 16. O motorista teve que travar/BP frear de repente. 17. O meu/BP Meu marido está em Buenos Aires em viagem de negócios. 18. A moção foi aprovada por unanimidade/unanimemente. 19. O jogo terminou empatado. 20. Casámos/ Casámo-nos/BP Nos casamos só no/pelo civil. 21. O teu/BP Seu marido parece cansado. 22. A nossa/BP Nossa filha tem talento artístico/muita queda para as artes. 23. A namorada dele tem uma bela aparência. 24. Eles foram perseguidos por motivos políticos. 25. Temos que recomeçar do princípio/início. 26. Tenho profissão liberal/free-lance./BP Sou autônomo. 27. O meu/BP Meu filho leva os/BP leva seus estudos muito a sério. 28. A paella parece estar muito apetitosa. 29. Trabalho em média 9 horas por dia. 30. Comprei o carro em segunda mão. 31. O jogo foi transmitido em dire(c)to. 32. Não abras/BP abra a porta do frigorífico/BP da geladeira sem necessidade/desnecessariamente! 33. Não me interpretes/BP interprete mal. 34. Três imigrantes chegaram à praia a nado. 35. A mulher dele veste-se/BP A esposa dele se veste sempre de azul. 36. Eu não o faço/BP não faço isso por princípio. 37. Desta vez vou votar na esquerda. 38. Na minha opinião, ele fez isso de propósito/deliberadamente. 39. Agasalha-te/BP Agasalhe-se! 40. Por que não comes/BP você não come como deve ser? 41. Nós vivemos uma vida saudável. 42. Eu sou pago à hora. 43. Nós compartilhamos tudo fraternalmente. 44. O meu/BP Meu cunhado gosta de conduzir/BP dirigir rápido/com velocidade. 45. Eu amo-a/BP a amo loucamente. 46. Bons sonhos! 47. Por precaução, guardo uma cópia do documento. 48. Ela teve um sorriso forçado.

7. 1. Eu levantei-me/BP Eu me levantei hoje mais cedo. 2. Por que não te vestes/BP você não se veste com um estilo mais jovem? 3. Da próxima vez, escreve/BP escreva de forma mais legível. 4. Ele deve-se/BP se deve expressar um pouco mais claramente. 5. Sinto-me/BP Eu me sinto hoje melhor. 6. Quanto mais rápido, melhor. 7. Mais cedo ou mais tarde, ele perceberá o/BP perceberá seu erro/sua falha. 8. Agora vejo pior que antes. 9. A minha/BP Minha irmã ganha menos/mais (do) que eu. 10. Antigamente, não havia telemóveis/BP celulares. 11. Não quero esperar mais.

8. 1. Do que eu mais gosto no Marco/BP no/em Marco é o humor dele. 2. A melhor coisa a fazer é ficar em casa. 3. O islão/BP islã é a religião que mais cresce. 4. O que é que vos interessou mais? 5. Qual é a cerveja mais consumida na Alemanha? 6. Com quem me dou melhor é com a/BP com minha irmã mais velha. 7. Que matérias preferes/BP você prefere?/Quais são as matérias de que gostas/BP você gosta mais? 8. Assim é que eu gosto mais. 9. Quem joga melhor é o João/BP (o) João.10. Quem come mais devagar é o meu/BP meu pai. 11. Quem é o jogador mais bem pago?

9. 1. Eles ainda não chegaram. 2. Mais alguma coisa? 3. Quem é que vem mais connosco/BP Quem vem mais conosco? 4. Tenta/BP Tente novamente! 5. Ainda tenho uma garrafa de vinho tinto. 6. A Pilar/BP Pilar ainda é uma mulher atraente. 7. Faltam quatro dias para a viagem. 8. Uma andorinha só não faz o verão. 9. Ainda hoje/Hoje mesmo/Ainda há/existem pessoas que não têm telemóvel/BP telefone celular. 10. Vou-lho enviar/Vou enviar-lho/BP Vou enviar para ele hoje mesmo. 11. Outra cerveja/Mais uma cerveja, por favor! 12. Então a feijoada? Demora ainda muito tempo? 13. Ainda não é demasiado tarde/BP tarde demais. 14. Cheguei mesmo em cima da hora para apanhar o autocarro/BP ônibus. 15. Por mais rico que ele seja, não me vou casar com ele. 16. Eu nunca o tinha visto antes. 17. Já encontraste/BP Você já encontrou alguma coisa? 18. Estou a estudar/BP estudando no Rio já há dois anos. 19. A máquina de lavar louça está estragada novamente. 20. Só de pensar nisso me sinto mal. 21. Já voaste alguma vez?/Já andaste alguma vez de avião/BP Você já voou alguma vez? 22. Já estiveste na Itália/BP Você já foi para a Itália? 23. Isso está corre(c)to/é verdade? - Eu acho que sim. 24. Já em criança, ela gostava de pintar. 25. Moramos aqui desde sempre. 26 Vou poupar o mais possível. 27. Tens/BP Você tem que traduzir o mais exa(c)tamente possível. 28. O marido dela ganha muito pouco/pouquíssimo. 29. Leio muitíssimo. 30. Ontem fomos muito tarde/tardíssimo para a cama. 31. A minha/BP Minha esposa não gostou do filme, eu gostei. 32. Eu conheço-a/BP a conheço há muito tempo. 33. Lá vem ela. 34. Eu quero resolver o problema o mais rápido possível.

Lösungen von Kap. 24

1. 1. Não 2. Nunca 3. Ninguém 4. não sabe a nada 5. Nem 6. Nunca 7. não conheço ninguém 8. Ninguém 9. nunca, não 10. Ninguém fez nenhuma 11. não 12. nada.

2. 1. Eu não sei. – Eu também não./Nem eu 2. Eu também não sei. 3. Não dormiste/BP Você não dormiu bem? – Dormi, dormi bem. 4. Nem todos os brasileiros gostam de futebol 5. Esse/Este rapaz/BP garoto não sabe ler nem escrever. 6. Ele ainda não chegou. 7. Eu não estou nada satisfeito/a com o resultado. 8. Eu bebo vinho, mas não todos os dias. 9. Nem sempre és tu que tens/BP Nem sempre você tem razão. 10. Eu nunca o vi. 11. O meu/BP Meu cunhado não só fala inglês, mas também espanhol. 12. O empregado nem sequer pediu desculpa. 13. Estes jovens de hoje não respeitam nada nem ninguém. 14. Nem o meu/BP Nem meu irmão nem a minha/BP nem minha irmã sabem. 15. Ele nunca me dá nada. 16. Não temos nada para comer. 17. Eu nunca te vou esquecer/vou esquecer-te/BP vou te esquecer. 18. Não o vi em parte nenhuma/nenhum lugar. 19. O meu/BP Meu marido já não fuma/não fuma mais/deixou de fumar.

3. 1. Hoje não tenho tempo 2. De tarde não temos aulas. 3. Eu não uso gravata. 4. Não há regra sem exceção. 5. Eu não tenho carro. 6. Não te preocupes/BP se preocupe! 7. Nenhum dos meus colegas fala russo. 8. A Luísa/BP Luísa não tem dificuldade em se adaptar. 9. Eu não pertenço a nenhum partido. 10. Não estás/BP Você não está com fome?/Não tens/BP Você não tem fome? 11. Eu não gosto de vinho. 12. Ele não é má pessoa. 13. Uma andorinha só não faz o verão. 14. Não faço a mínima/a mais pequena ideia! 15. Não entendes/BP Você não entende/francês? 16. Ninguém é imortal. 17. Não há problema! 18. Não me venhas/BP venha com essas histórias! 19. Não és/BP Você não é uma grande ajuda para mim. 20. Não é má ideia. 21. O Rui/BP (O) Rui não percebe nada de latim. 22. Eu não toco viola/violão. 23. O nosso/BP Nosso filho ainda não tem namorada. 24. O nosso professor não tem sentido de humor nenhum./BP Nosso professor não tem senso de humor nenhum. 25. Não vou fazer isso de modo nenhum/ algum. 26. Água não potável! 27. Nada de polícia nem de truques!

4. 1. um trabalhador não qualificado 2. uma promessa não cumprida 3. exigências pouco realistas 4. um problema não resolvido 5. um romance pouco interessante/desinteressante 6. um passaporte inválido 7. uma pessoa pouco sincera 8. um utensílio pouco prático 9. uma pessoa desconhecida 10. uma expressão pouco corrente/usual 11. o princípio da não interferência 12. a zona de não-fumadores/BP fumantes 13. um dispositivo pouco prático 14. uma despesa inútil 15. um facto incontestável

5. 1. Ele só pensa em si mesmo. 2. Só/Somente/Ninguém senão a minha mulher/BP senão minha esposa conhece o meu/BP conhece meu código./A única pessoa que conhece o meu/BP conhece meu código é a minha mulher/ BP é minha esposa. 3. Eu conheço-o/BP Eu o conheço apenas de nome. 4. Eu só tenho 10 euros. 5. Vive-se só/BP Você vive só uma vez! 6. Fico doente só de pensar nisso. 7. Tudo o que ele faz é/Ele não faz mais nada senão queixar-se/BP reclamar. 8. Só sei que o pai dele trabalha na Seat. 9. Como é possível ser-se/BP Como você pode ser tão estúpido! 10. Eu só estou com/tenho medo. 11. Ela entrou no carro sem sequer se virar. 12. Se ao menos ele viesse! 13. Só precisas de dizer/BP Você só precisa dizer isso. 14. Há/Existe apenas uma solução. 15. Sei só por ouvir falar/ dizer.16. Não tenhas/BP tenha medo! 17. Só choveu durante as férias todas. 18. Ele não é estúpido, é só/apenas preguiçoso. 19. Uma casa pequena só para nós. 20. Acima de tudo, não minta(s)/Nada de mentiras/Tudo menos mentir! 21. Ele apenas dorme, ele não faz mais nada. 22. Ele está apenas a dormir/BP dormindo/não está morto. 23. O Roberto/BP (O) Roberto tem apenas 25 anos. 24. A pedido do próprio Picasso, "el Guernica" só foi/veio para a Espanha após a morte de Franco. 25. São só 8 horas. 26. Nós acabámos/BP Acabamos de chegar agora. 27. Foi somente em 1990 que essa lei entrou em vigor. 28. O autocarro/BP ônibus só chegará daqui a dez minutos. 29. O carro custa 30.000 euros, mas eu poupei apenas 15.000 30. Primeiro vocês comem e depois podem ir brincar.

Lösungen von Kapitel 25

1. 1. antes que 2. quando 3. Para que 4. como se 5. Enquanto 6. Como 7. Embora 8. e 9. Embora 10. mas 11. Quando 12. a não ser que 13. desde que 14. Se 15. Para que 16. enquanto 17. porque 18. por isso 19. enquanto que/ao passo que 20. quando 21. porque 22. Depois que 23. Como 24. ou 25. Desde que 26. antes que 27. Desde que 28. como se 29. Assim que 30. se 31. Como 32. enquanto 33. a não ser que/a menos que 34. Embora 35. Se, porque 36. sem que 37. Mal, quando 38. até que

2. 1. Como não tinha lido o livro, não consegui responder à pergunta. 2. Vou trabalhar novamente quando o meu/BP quando meu filho for para a escola. 3. Cada vez/Todas as vezes que falamos sobre esse assunto/tema, discutimos. 4. Estou completamente exausto/a quando volto do trabalho. 5. Fico em casa porque não me sinto bem. 6. Embora o João/BP (o) João seja cinco anos mais novo que o irmão, ele parece mais velho. 7. Como não estávamos com pressa, fomos a pé porque a escola não era longe. 8. Dizes sempre/BP Você sempre diz isso quando está irritado/a. 9. Espera/BP espere até que pare de chover. 10. Decide-te/BP Decida-se antes que seja demasiado tarde/BP tarde demais! 11. Desde que ela deixou de beber álcool sente-se/BP está se sentindo melhor. 12. Filhos, vão brincar lá para fora enquanto está sol/BP o sol está brilhando! 13. Eu ligo-te/BP para você assim que chegar a/BP [umg.] em Salamanca. 14. Sempre que me vou apresentar a um emprego ele já está ocupado ou sou demasiado jovem/BP jovem demais e tenho pouca experiência. 15. Ela tinha quinze anos quando morreu a/BP morreu sua mãe. 16. O amigo dele teve um ataque cardíaco enquanto estava ao telefone. 17. Não consegui o emprego porque não sabia falar inglês. 18. Podias/BP Você poderia fazer café enquanto eu ponho a mesa. 19. O meu/BP Meu marido anda aborrecido desde que se reformou/BP se aposentou. 20. Assim que eu souber, eu ligo-te/BP ligo para você. 21. Venho em pessoa para que possamos conversar sobre esse proje(c)to. 22. Se eu nascesse de novo, faria tudo exatamente como fiz. 23. O nosso/BP Nosso avançado central está lesionado/BP machucado, mas ele vai poder jogar. 24. Eu gosto de ir ao cinema enquanto que a minha/BP enquanto que minha namorada prefere ir ao teatro. 25. Não estou satisfeito/a com o meu/BP com meu quadro, embora todos me digam que está um bom trabalho. 26. Como tenho que fazer algumas compras, não estarei em casa antes do meio dia. 27. Desde que o meu/BP Desde que meu filho mudou de escola, ele está mais equilibrado. 28. Os terroristas querem alcançar o seu/BP alcançar seu objetivo espalhando medo, terror e insegurança. 29. Depois que a sua mulher/BP Depois que sua esposa se separou dele, ele começou a beber. 30. Mal tínhamos chegado ao nosso destino de férias/resort quando rebentou uma tempestade. 31. Essas/Estas duas malas são completamente iguais, exceto que a minha está riscada. 32. O homem aumenta a sua/BP aumenta sua pensão distribuindo jornais. 33. Tanto quanto eu sei, ele está fora. 34. Ela olhou para mim como se não tivesse entendido. 35. Eu já tinha saído de casa quando ele ligou. 36. Não fiques/BP fique muito tempo, porque já é tarde. 37. Eu não acho que seja/é tão fácil como tu pensas/BP você pensa. 38. Enquanto eu esperava lá fora, vi dois gajos estranhos a entrar/BP caras estranhos entrando. 39. Se tivesses/BP você tivesse lido o romance, sabias/BP você saberia quem é o assassino. 40. A Maria/BP (A) Maria estava tão excitada que mal conseguia falar. 41. Todos nós temos que trabalhar juntos para que a festa seja um sucesso.42. Eu agi como entendi ser correto. 43. Embora o Ricardo/BP Embora (o) Ricardo só aprenda alemão há três meses, ele fala já muito bem. 44. Se algo assim acontecesse contigo/BP com você, o que farias/BP você faria? 45. O motorista perdeu o controlo/BP controle do carro porque estava distraído com o telemóvel/BP celular. 46. Toma conta/BP Cuide do pequeno para que ele não se magoe/ BP se machuque. 47. Eu disse-lhe para ele esperar até o táxi chegar.

Lösungen von Kapitel 26

1. 1. a/BP em 2. de 3. às, em 4. entre 5. de, em 6. de 7. há 8. dentro de 9. na, durante 10. de 11. ao 12. de 13. Pelo 14. para 15. com, de 16. pela, dos, na 17. de/em 18. de 19. perante 20. com, de 21. Com 22. à, por 23. Entre 24. por 25. nas

2. 1. por 2. por 3. para 4. para 5. pela 6. para 7. Por 8. para 9. para 10. por 11. para 12. pelas 13. para 14. pelo 15. para

3. 1. Vários deputados estão envolvidos neste escândalo. 2. Estou interessado/a neste emprego. 3. Ninguém é isento de preconceitos. 4. Essas casas são típicas desta região. 5. Não estou satisfeito/a com o comportamento dos alunos. 6. Eu estou/sou financeiramente dependente dos meus pais./BP Sou financeiramente dependente de meus pais. 7. Na/BP auch: Em minha opinião, ele não é a pessoa adequada para esta atividade. 8. Esta declaração é sintomática da/BP de sua maneira de pensar. 9. A minha mulher/BP Minha esposa é alérgica ao aipo. 10. O nosso/BP Nosso filho é bom em latim. 11. A nossa/BP Nossa filha é casada com um grego. 12. O meu/BP Meu marido é versado em geografia. 13. Esta região/zona é famosa pelos/ BP por seus bons vinhos. 14. Todos os meu filhos são fracos em matemática. 15. Estamos muito preocupados com a a(c)tual situação política. 16. O solo é pobre em nutrientes. 17. Estamos/Ficamos muito gratos pela vossa/BP por sua ajuda. 18. Para este trabalho são essenciais bons conhecimentos de inglês. 19. O Roberto/BP (O) Roberto tem ciúmes da/BP de sua irmã. 20. Eu estou apaixonado/a por ela. 21. Estes/Esses frutos são ricos em vitaminas. 22. Ela está separada do marido há três anos. 23. Por que é que tu estás/BP Por que você está insatisfeito/a com a tua/BP com sua vida? 24. Este comportamento é significativo do/BP de seu egoísmo. 25. Fumar é prejudicial à saúde. 26. Estamos muito orgulhosos do/BP de nosso filho. 27. A minha/BP Minha irmã tem inveja de mim. 28. Esta loja é especializada em calças para senhora. 29. Para conhecer bem um povo é preciso estar familiarizado com os/BP com seus usos e costumes. 30. Ela deixa-se/BP se deixa impressionar com elogios. 31. Eu não estou dependente desse dinheiro. 32. Este professor é muito popular entre os/BP entre seus alunos. 33. O pai da/BP de Maria estava cego de raiva. 34. Quem é responsável por esse a(c)to? 35. Estamos de acordo/Concordamos com esta solução. 36. Esta empregada é amável com todos os clientes. 37. Muitos britânicos estão insatisfeitos com o Brexit. 38. Esta rua está fechada ao trânsito. 39. Por que é que estás/BP Por que você está tão furioso/a com o teu/BP com seu colega? 40. Estamos dececionados com o resultado. 41. O centro da cidade está cheio de turistas. 42. A Eleni/BP (A) Eleni está ansiosa/curiosa para ver/saber a reação dos/BP de seus pais. 43. Estávamos todos deslumbrados com o concerto. 44. A nossa/BP Nossa filha tem muito jeito/ talento para línguas estrangeiras. 45. Estou cansado/a da viagem. 46. O dire(c)tor está aberto a novas propostas. 47. Estou grávida de cinco meses. 48. Não estamos acostumados a este clima. 49. Os alunos estão ocupados a traduzir um texto para inglês. 50. Eu já acabei de fazer o trabalho/BP a lição de casa. 51. Tenho que ter cuidado/me acautelar com a comida.

4. 1. por falta de 2. através de 3. Além do 4. por motivos de 5. acima de 6. Graças à 7. por ocasião da 8. Em vista de 9. por conselho do 10. com base na 11. Ao contrário de 12. por volta das 13. no final do 14. em vez das 15. ao lado dos 16. A partir de 17. abaixo da 18. por amor EP à 19. longe do 20. na presença do 21. em torno do 22. apesar da 23. à base de 24. no princípio de 25. nas costas dos 26. atrás da 27. em colaboração com 28. Comparado com o

5. 1. ao 2. em 3. ao 4. da/de 5. do 6. sem 7. de 8. em 9. à 10. de 11. por 12. por/BP via 13. no 14. contra 15. ao 16. em 17. de 18. do 19. sobre 20. de 21. do 22. do 23. pelo 24. ao 25. pela 26. do 27. do 28. para

6. 1. a renúncia à violência 2. o caminho do/para o sucesso 3. a falta de experiência 4. a causa/razão da demissão/do despedimento 5. a necessidade de ternura 6. o amor à natureza 7. o interesse pela pintura 8. perguntas sobre o texto 9. a pressão sobre os trabalhadores 10. a violência entre jovens 11. a luta contra a máfia 12. um obstáculo ao progresso 13. o ataque a um turista 14. uma entrevista com o cantor 15. o direito a/à indemnização 16. o cheiro a gás 17. o pensamento na morte 18. o desejo de paz 19. o medo da tempestade 20. o apelo à greve 21. a luta pela sobrevivência 22. a obje(c)ção à proposta 23. a esperança de melhoras 24. a oferta de lugares de estacionamento 25. o incitamento à xenofobia 26. a pobreza de materia-primas 27. o uso da força 28. o compromisso de paz/BP com a paz 29. o respeito pelos professores 30. a dúvida sobre a legalidade 31. uma infra(c)ção ao código da estrada 32. a alergia ao pelo de gato 33. a exce(p)ção à regra 34. a prova da/BP de/sua inocência. 35. o relacionamento/a relação com os avós 36. a disposição/ prontidão para a reconciliação 37. o controlo/BP controle do veículo 38. as provisões de alimentos 39. a entrada para o museu 40. a perspectiva de sucesso 41. o talento para a música 42. a propensão para o consumo

7. 1. Havia muitas pessoas na caixa. 2. O que fizeste/BP você fez na quinta-feira? 3. Passamos o verão à beira-mar. 4. Ocorreu um acidente no cruzamento. 5. Nós saímos na próxima paragem/BP parada. 6. Eu magoei-me na mão/fiz um ferimento na mão/BP machuquei minha mão. 7. Vivemos perto da autoestrada. 8. Ao princípio eu tinha grandes problemas. 9. Vire à esquerda no segundo semáforo. 10. Dá os meus cumprimentos à tua irmã./BP Dê meus cumprimentos a sua irmã. 11. Eu estudo grego na universidade. 12. Eu se fosse a ti/no teu lugar, não faria isso/BR Se eu fosse você/em seu lugar não faria isso. 13. Voltaremos a ver-nos na Páscoa. 14. Hoje de manhã vamos à praia. 15. No Pentecostes, vamos a Florença. 16. O que é que/BP O que vocês fizeram este fim de semana? 17. Sábado de manhã, fomos às compras. 18. Ficámos/BP Ficamos sentados à mesa junto à janela. 19. O talho/BP açoughe é/fica ao fundo da rua. 20. Em que escola dá aulas/ leciona? 21. A mãe pegou no/BP o filho pela mão. 22. Heidelberg está situada nas margens do Neckar. 23. Qual é o nome da padaria da esquina? 24. Tenho de me injectar/BP Eu tenho que me injetar três vezes por/BP ao dia. 25. O peão/BP pedestre morreu no local do acidente. 26. Os meus/BP Meus pais compraram uma casa na periferia da cidade. 27. Ele estava bêbedo/bêbado naquela/nessa noite. 28. Tem que se andar/levar o cão à trela./BP Você tem que manter o cachorro com coleira. 29. O vestido está-me/BP me está muito apertado nos ombros. 30. Eu entreguei a chave na recepção. 31. Do que é que não gostas/BP O que você não gosta neste apartamento? 32. Quem está a seguir? 33. O Roberto está a fazer os trabalhos de casa./BP (O) Roberto está fazendo sua lição de casa.

8. 1. Do/BP O que eu gosto nele é o seu sentido/BP seu senso de humor. 2. O mal é que não há nada que eu possa fazer por ele. 3. Tu encontras/Você encontra falhas em tudo. 4. Assaltos a bancos são comuns hoje em dia. 5. O vestido é/está-me um pouco largo nos ombros./BP O vestido está um pouco largo nos/em meus ombros. 6. A verdade vem sempre ao cimo (da água). 7. Esse é um comportamento que eu não conhecia nele. 8. Atende/BP Atenda o telefone, por favor. 9. Passámos/BP Passamos uma semana no Mar Adriático. 10. Eu bati com a cabeça no canto da mesa. 11. O nosso/BP Nosso chefe é muito exigente com os/BP seus empregados 12. Não desligue/BP Fique na linha. 13. O melhor seria ficar em casa. 14. O número de pessoas que vivem à margem da sociedade está sempre a aumentar/BP aumentando constantemente. 15. É a minha vez. 16. Todos os produtos farmacêuticos tinham sido testados em animais durante/por muito tempo. 17. Eu tenho um favor para lhe pedir/BP a lhe pedir. 18. A empresa está à beira da falência. 19. A mulher tremia como varas verdes. 20. Engasguei-me/BP Eu me engasguei/ com uma espinha de peixe. 21. O meu/BP Meu irmão passa horas e horas no computador. 22. Não há dúvida sobre a inocência dele. 23. Toma o teu/BP Tome seu cunhado como exemplo.

9. 1. No ano passado, passámos/BP passamos as férias em Creta. 2. O cinzeiro está em cima da mesa. 3. Hoje eu tenho que ir ao mercado. 4. Vamos para o terraço! 5. Não há no mundo cidade mais bonita. 6. Abram os vossos/BP seus livros na página 25. 7. As crianças estão/andam a brincar/ BP brincando na rua. 8. Eu escorreguei no passeio/BP na calçada. 9. Estamos/andamos à procura de um apartamento. 10. À sua saúde! 11. Seja como for/Em qualquer caso eu faço isso. 12. Pode mostrar-me/BP Você pode me mostrar isso no mapa? 13. Eu leio sempre na casa de banho/BP sempre leio no banheiro. 14. Vais/BP Você vai comigo ao cemitério? 15. Eu gostaria/gostava de morar no campo.

10. 1. O seu/BP O marido dela está sempre em movimento. 2. Eu durmo de bruços. 3. Eles estão sempre a gozar/BP gozando com ele. 4. Tudo isso/isto é a custa da qualidade. 5. A minha mulher está a recuperar-se/BP Minha esposa está se recuperando. 6. Pode-se confiar no/BP Você pode confiar em meu colega. 7. Estás a enervar-me./BP Você está me enervando. 8. O Mário/BP (O) Mário ainda vive à custa dos pais/BP de seus pais. 9. O ladrão foi apanhado/BP pego em flagrante delito. 10. O ciclista morreu instantaneamente. 11. Nós estamos apenas de passagem. 12. A janela dá para o pátio. 13. O meu/BP Meu marido está/anda em viagem de negócios. 14. Tu não fazes caso de nada/não levas/BP Você leva tudo na brincadeira/não leva nada a sério. 15. O meu/BP Meu pai está a chegar/BP chegando aos 70. 16. Tens de/que/BP Você tem que deixar as coisas acontecerem/BP com você. 17. Eu soube isso por portas travessas. 18. Outro ataque ao consulado 19. É uma doença que se pode transmitir aos seres humanos. 20. Eu pus o despertador para as 6 horas. 21. O senhor/A senhora/Você já recebeu resposta à sua carta? 22. Tenho a palavra na ponta da língua/BP A palavra está na ponta da minha língua. 23. Lamento mas não estou ao corrente. 24. A meu pedido, ele não abandonou os estudos. 25. Este medicamento está disponível apenas mediante receita médica.

11. 1. Eu sou de Atenas. 2. Há estudantes de todo o mundo. 3. Nós casámos/ BP Nós nos casamos por amor. 4. Eu soube dessa notícia pelo jornal. 5. Este romance foi/está traduzido do alemão. 6. A minha mulher/BP Minha esposa vem de uma família de médicos. 7. Eu vi de perto. 8. Olha/Vê da/pela janela/BP Olhe pela janela! 9. Eu vi-o sair/BP Eu o vi saindo da escola. 10. Foi o desespero que levou a mulher a suicidar-se./A mulher se suicidou por desespero. 11. Nasceram dois filhos deste casamento. 12. Ele matou a mulher/BP esposa por ciúmes. 13. Temos que encontrar uma saída para esse/este conflito. 14. Comprei o carro em segunda mão. 15. Esta palavra vem do grego. 16. O comboio/BP trem de Roma está/vem meia hora atrasado. 17. Não posso participar na/BP da reunião por falta de tempo. 18. Apaguei os dados acidentalmente/por descuido/engano/sem querer. 19. Sei isso de fonte segura. 20. O azeite é feito das azeitonas. 21. O que é feito dele? 22. Eu caí das nuvens. 23. Dá-me licença que o/a ajude a tirar o casaco? 24. É quase impossível perturbá-lo. 25. Deixe-me de fora! 26. Eu paguei-o/BP por isso do meu próprio bolso. 27. Perdi-o/BP Eu o perdi de vista. 28. Sei-o/BP Eu sei por experiência própria.

12. 1. Todos tinham feito os seus trabalhos de casa, exceto o Ricardo./BP Todo o mundo tinha feito sua lição de casa, exceto (o) Ricardo. 2. O elevador está fora de serviço. 3. Esta lei já não está em vigor/está anulada desde o 1º de maio. 4. As crianças estavam fora de si/fora de controlo/BP controle. 5. A rapariga/BP garota está fora de perigo. 6. Além do inglês, eu falo francês e espanhol. 7. Neste momento, não estou em forma. 8. Estás/BP Você está completamente sem ar/fôlego. 9. Essa expressão está fora de uso. 10. Ignoraste/ BP Você ignorou/Não tomaste/BP Você não tomou em conta dois fatores. 11. Quem é que vem mais?/BP Quem mais está vindo além de vocês dois?

13. 1. A Maria/BP (A) Maria está no dentista. 2. O primo dele trabalha na Fiat. 3. Não consigo concentrar-me/BP me concentrar com este barulho. 4. O António/BP (O) António já não vive mais com os/BP seus pais. 5. Nós não saímos com mau tempo. 6. A menina morreu num acidente de carro. 7. É impossível continuar a conduzir/a viagem com este nevoeiro/BP continuar dirigendo neste nevoeiro. 8. Nós moramos junto à/perto da escola. 9. Comprei estes produtos no Lidl. 10. Hoje à noite, há uma festa em casa do nosso vizinho. 11. Com a tua constipação é melhor ficares/BP Com seu resfriado, é melhor ficar na cama. 12. A quem compraste isto/BP você comprou isso? 13. Eu não tenho dinheiro comigo. 14. Eles ainda estão a comer/BP comendo. 15. Eu liguei para tua/BP sua casa. 16. Aprende-se/BP Você aprende muito com esse professor. 17. A família inteira estava sentada à mesa. 18. A criança foi atropelada por um carro quando atravessava a rua./Ao atravessar a rua, a criança ... . 19. Ela é muito mais inteligente do que o irmão. 20. O meu/BP Meu filho chora por tudo e por nada. 21. Eu levo as tuas palavras a sério/pego-te na palavra./BP Pego você na palavra. 22. Fazemos jogging esteja o tempo que estiver/quer faça chuva ou faça sol. 23. Graças a Deus, o meu/BP meu pai ainda está/goza de boa saúde. 24. De noite todos os gatos são pardos. 25. Eu durmo sempre com a janela aberta. 26. É a comer que vem o apetite. 27. Estás/BP Você está louco!/Não estás/BP você não está bom da cabeça! 28. Eu parti a/BP parti minha perna a esquiar/BP esquiando. 29. Estou mal de finanças. 30. Com ele é preciso estar preparado para tudo. 31. Sinto-me à vontade/bem/confortável contigo/BP com você. 32. Encontrei essa citação em Homero. 33. Eu preciso de silêncio absoluto para estudar/quando estou a estudar/BP estudando. 34. Pediste desculpa/BP Você pediu desculpas à irmã dele? 35. Ele agarrou o ladrão pelo braço. 36. Tens/BP Você tem que começar por ti/BP si mesmo. 37. Eu candidatei-me/BP Eu me candidatei ao SAP. 38. O dete(c)tive surpreendeu-o a roubar/BP o surpreendeu roubando. 39. Temos que começar do zero. 40. Nós vamos/iremos denunciá-lo à polícia. 41. Eu vou fazer queixa/vou-me queixar/vou queixar-me/BP vou me queixar ao superior/vou reclamar com o superior dela.

14. 1. Hoje trabalho até às seis horas. 2. Adeus! Até amanhã! 3. A água chegava-me/BP me chegava até aos ombros. 4. Todos estavam/BP Todo (o) mundo estava lá, exceto a/BP (a) Suzana. 5. Faltam apenas alguns dias para o Natal. 6. A nossa/BP Nossa loja vai estar fechada até nova ordem. 7. O trabalho deve ficar/estar pronto até quinta que vem. 8. Eu li até tarde/altas horas da noite. 9. Até há alguns anos atrás/Até há alguns anos, ninguém o conhecia.

15. 1. O ladrão entrou pela janela. 2. Eu soube-o/BP Eu soube através da irmã dele. 3. A estrada ficou intransitável com a chuva/devido à chuva./A chuva tornou a estrada intransitável. 4. A cidade foi destruída por um terramoto/BP terremoto. 5. Os manifestantes marcharam pelas ruas. 6. O meu /BP Meu amigo não passou no exame. 7. Fizemos uma viagem pelo sul do Brasil. 8. Conseguimos este apartamento através de um agente imobiliário. 9. O armário não passa na porta. 10. O menino olhou pelo buraco da fechadura. 11. Aprendemos com os erros. 12. O nosso/BP Nosso chefe fala pelo nariz. 13. Ele arruinou a/BP arruinou sua saúde fumando/a fumar muito. 14. Foi um milagre o motorista escapar com vida./O motorista escapou por milagre com vida/BP sua vida. 15. Eu disse-lho/Eu lhe disse isso de uma forma indireta. 16. Estavam bêbedos/ bêbados todos sem exceção. 17. Foi com uma cunha/com um padrinho que eu consegui o emprego. 18. O ministro brilhou pela ausência.

16. 1. O que é que tu compraste/BP O que você comprou para a Maria/BP para (a) Maria? 2. Quanto pagaste/BP você pagou por esta saia? 3. As meninas querem ficar sozinhas (umas com as outras). 4. Obrigado por tudo. 5. A rua/estrada está fechada ao trânsito. 6. Estou a frequentar/BP frequentando um curso para principiantes. 7. Ele está muito maduro para a sua/BP para sua idade. 8. Quais são as razões para este fracasso? 9. Apesar de ser relativamente pequeno, ele joga bem basquetebol. 10. Infelizmente, o nosso/ BP nosso professor não tem sentido/BP senso de humor. 11. Eu digo-te/estou-te a dizer/BP Eu lhe digo de uma vez por todas. 12. As boas condições físicas da equipa/BP equipe foram decisivas para a vitória. 13. Nós declarámo-nos/Nos declaramos a favor da terceira proposta. 14. Esta passagem é um bom exemplo do estilo de Coelho. 15. Eu sou a favor desta solução. 16. Eu não faria isso por nada do mundo. 17. Foi tudo perda de tempo/em vão/ para nada/para o boneco. 18. Quem alguma vez teria julgado isso possível? 19. Eu ainda tenho 100 euros para uma emergência.

17. 1. Eu sou contra esta proposta. 2. Não tenho nada contra ele. 3. Os avós chegam por volta das 5:00. 4. Ele casou com ela contra a vontade dos/BP dos/de seus pais. 5. Bati com a cabeça contra o canto da mesa. 6. É vender e dinheiro na mão. 7. Comparado com ele/Em comparação com ele sou um principiante. 8. Nós iremos recorrer/interpor recurso/ da sentença. 9. Ele foi condenado por resistir à autoridade pública. 10. Isso não me agrada/não me convém nada. 11. O pai dele tem preconceitos contra estrangeiros.

18. 1. Ele escondeu-se atrás da árvore. 2. Estou satisfeito por já ter feito o exame. 3. O meu/BP Meu amigo já passou por dois casamentos/tem dois casamentos no currículo/BP em seu currículo/em sua folha corrida. 4. Vamos descobrir a verdade/chegar à verdade. 5. Não se sabe o que acontece/se passa/BP está acontecendo nos bastidores. 6. O Daniel/BP (O) Daniel ainda anda atrás dela. 7. O motorista esteve (sentado) ao volante 15 horas sem interrupção. 8. O sol apareceu por detrás das montanhas.

19. 1. Vamos ao cinema? 2. Eu vou ao teatro hoje à noite. 3. O que puseste no/BP você colocou em seu bolso? 4. Já estiveste/BPVocê já esteve em Roma? 5. Nós vamos sempre para as montanhas. 6. Nós vamos à igreja aos domingos. 7. A mulher dele/BP A esposa dele está grávida de cinco meses. 8. Aos 60 anos, o meu/BP meu pai começou a aprender russo. 9. Nesse ponto estamos todos de acordo. 10. Traduz/BP Traduza esta frase para alemão! 11. Eu moro na cidade. 12. O nosso/BP Nosso filho está a estudar/BP estudando no estrangeiro. 13. O papá está na casa de banho./BP Papai está no banheiro. 14. O meu/BP Meu marido ainda está no escritório. 15. Vais/BP Você vai à discoteca connosco/BP conosco? 16. Em que andar moras/BP você mora? 17. Vou sair em viagem/BP Estarei saindo dentro de/daqui a uma semana. 18. Eu li o livro em dois dias. 19. Eu não vou hoje à escola. 20. O meu/BP Meu irmão trabalha na fábrica. 21. Hoje à tarde, vamos ao parque da cidade. 22. Não me apetece/não tenho vontade de ir ao concerto. 23. Nós conhecemo-nos num bar/BP nos conhecemos em um bar, no centro da cidade. 24. O jovem casal está em lua de mel. 25. Ele tem demasiadas coisas em (BP sua) mente/em que pensar. 26. Ele foi para a cama./Ele deitou-se na cama. 27. Tivemos que trabalhar sob um calor abrasador. 28. Eu gosto de andar a passear à chuva. 29. Ao fundo, pode-se/BP você pode ver a Torre Inclinada. 30. Cortei-me no dedo./BP Cortei meu dedo. 31. Federer venceu em três sets/séries. 32. Os seus/BP Seus papéis/ documentos não estão em ordem. 33. Há/BP Tem alguma oficina aqui perto? 34. A Ângela quer sempre/BP (A) Angela sempre quer ser o centro/estar no centro das atenções. 35. Não há fim à vista. 36. O IVA está incluído no preço. 37. A minha/BP Minha filha vive no Brasil. 38. Um raio atingiu a torre./Caiu um raio na torre da igreja. 39. Eles separaram-se/BP se separaram de acordo mútuo. 40. Consultaste/BP Você consultou o dicionário? 41. Nos povos Maias as mulheres têm, em média, sete filhos. 42. Estou a ligar/telefonar da parte/BP Estou chamando em nome do Sr. Müller. 43. Estou a atravessar a/BP estou passando pela menopausa.

20. 1. O nosso/BP Nosso filho fez o doutoramento/doutorou-se em Direito. 2. O noivado deles desfez-se/BP se desfez. 3. Desculpe, enganei-me na porta./ BP Com licença, eu estou na porta errada. 4. A polícia ainda anda/ continua às escuras. 5. Consigo fazer isso de olhos fechados. 6. Façam um apontamento resumindo o conteúdo. 7. Isso nem sequer me passaria pela cabeça. 8. Entra por um ouvido e sai pelo outro. 9. A cavalo dado não se olha o/ao dente. 10. A comida com este cheirinho faz-me crescer água na boca/BP faz minha boca ficar com água. 11. Não compro gato por lebre. 12. Tu estás sempre a interromper-me/BP Você sempre me interrompe. 13. O processo vai demorar. 14. De quantos meses está ela/BP ela está grávida? 15. O prejuízo é de uns/vai para uns milhares. 16. O juiz foi aposentado/BP reformado. 17. O carro começou a derrapar na curva. 18. A indústria está em alta. 19. Os pais dele andam a divorciar-se/a tratar do divórcio./BP Os pais dele estão se divorciando.

20. Está a chover/BP chovendo a cântaros/torrencialmente./Está uma chuva torrencial. 21. A explosão ouviu-se a um raio de 10 quilómetros/BP quilômetros. 22. Eu encomendei o livro na Internet.

21. 1. Vou sair com o Mário/BP (o) Mário hoje à noite. 2. A minha filha casou-se/BP Minha fillha se casou aos 22 anos. 3. O comboio/BP trem chega dez minutos atrasado. 4. Fomos recebidos de braços abertos. 5. Não vejo muito com estes óculos. 6. Terminaste os teus trabalhos de casa/BP Você terminou sua lição de casa? 7. A Sílvia/BP (A) Sílvia está na cama com febre. 8. Ele foi reeleito por uma grande maioria. 9. Vamos de comboio/BP trem para Roma. 10. Tudo mudará com o tempo. 11. Eu tenho problemas nos/com os joelhos. 12. Tu conheces a rapariga/BP Você conhece a garota de vestido vermelho? 13. Não comas/BP coma com os dedos! 14. O que é que se passa contigo?/BP O que há de errado com você? 15. Temos um quarto com vista para o mar. 16. O que devo fazer com todas essas coisas/essa tralha? 17. Eu não quero nada/não quero ter nada a ver com ele. 18. Algumas mulheres estavam deitadas na praia com os seios nus. 19. A Itália é um dos países mais bonitos/belos/lindos do mundo. 20. O António/BP (O) António apenas encolheu os ombros. 21. A minha/BP Minha avó vai sempre para a cama com as galinhas. 22. Ele voltou de mãos vazias. 23. A Maria/BP (A) Maria está a falar/BP falando ao telefone com a irmã. 24. O Carlos/BP (O) Carlos está a jogar/BP jogando futebol com os/BP seus amigos. 25. Eu aposentei-me/BP me reformei aos 63 anos. 26. Que tal uma cerveja? 27. Conta/BP Conte a história com as tuas/por tuas/BP suas próprias palavras. 28. Para com esse disparate!/BP Pare com essa bobagem! 29. Acordei esta manhã com dor de cabeça. 30. Vieste/BP Você veio com o teu/BP seu carro? 31. Passei meia hora a preencher o impresso/BP preenchendo o formulário. 32. Atenciosamente .../Com os (meus) melhores cumprimentos. 33. Eu votei no sim. 34. Eu quero que vocês escrevam com tinta. 35. Eu voo sempre com a Lufthansa. 36. Posso pagar com cartão? 37. Eu não fiz isso de propósito. 38. A maioria das pessoas passa o tempo livre a ver/BP assistindo TV. 39. Sabes/BP Você sabe comer com pauzinhos? 40. Ela conseguiu vender a sua/BP vender sua casa com lucro. 41. Ele fala alemão com sotaque americano. 42. Vieste de autocarro/BP Você veio de ônibus? 43. A polícia abriu a porta à força. 44. Tivemos que comunicar/BP nos comunicar com/através de gestos. 45. Não se aponta o dedo para as pessoas.

22. 1. Deve-se/BP Você deve tentar juntar o útil ao agradável. 2. Vamos conseguir unindo forças. 3. Estás a sonhar/BP Você sonha com os olhos abertos. 4. Tens que/BP Você tem que dar o exemplo. 5. O rapaz/BP garoto bateu com a cabeça no passeio/BP na calçada. 6. Conseguimos salvar/BP Conseguimos salvar a pele./Escapámos/BP Escapamos ilesos. 7. Assim, matamos dois coelhos com uma cajadada só. 8. A Alemanha está com um pé nas meias-finais. 9. A economia está em retoma. 10. O nosso/BP Nosso filho passou no exame por um triz/a muito custo/a/aos trancos e barrancos 11. Há ali qualquer coisa de anormal/estranho/Ali há coisa. 12. O acusado/arguido/réu saiu com uma pena leve/BP sentença indulgente. 13. Não te deixes comer por lorpa/BP se deixe enganar por boas palavras. 14. Concordámos/BP concordamos com/Aprovámos/BP Aprovamos a proposta com um misto de sensações contraditórias. 15. É um filme com Sean Connery no papel principal/com o ator-vedeta Sean Connery/BP estrelado por Sean Connery. 16. O casal deixou o país com destino desconhecido. 17. Por favor, para/BP pare de estalar os dedos. 18. Não se fala/BP Você não fala com a boca cheia.

23. 1. Este ano vamos/BP estamos indo para a Sardenha. 2. Depois do jantar, vamos ao cinema. 3. Vais já/BP Você já vai para casa? 4. O comboio/ BP trem para Roma parte dentro de/sai daqui a cinco minutos. 5. O meu/BP Meu marido fuma um cigarro atrás de outro. 6. Chegaste/BP Você chegou depois de mim. 7. Na minha opinião, a tua mulher tem razão./BP sua esposa está certa/tem razão. 8. Só o conheço/Eu conheço-o./BP Eu o conheço apenas pelo nome. 9. A necessidade dele de independência é muito forte. 10. São cinco e dez. 11. No meu relógio, são dez. 12. Pelo sotaque dele ele é inglês. 13. O meu/BP Meu quarto dá/está virado para o jardim. 14. A mulher dele veste-se à última moda/BP A esposa dele está vestida da última moda. 15. Pela aparência/Pelo jeito, ele é americano. 16. Isso não é ao meu gosto. 17. Tudo está a correr/BP correndo/conforme os planos/como planeado/como se quer/BP como planejado/como desejado. 18. O rapaz/BP garoto deu um passo para trás. 19. Andamos todos à procura da felicidade.

24. 1. Eu li um livro sobre Portugal. 2. Por cima de nós, vive uma família italiana 3. O meu/BP Meu avô tem mais de 80 anos. 4. O senhor/A senhora/ Você atravessa a ponte e depois vira à esquerda. 5. O futebol é tudo para ele/Não há nada mais importante para ele do que o futebol. . 6. Posso passar a noite com vocês/convosco? 7. No ditado, cometeste/BP você cometeu/ erro atrás de erro. 8. O que tens/BP você tem feito durante todo este tempo/o tempo todo? 9. Um helicóptero da polícia sobrevoou o estádio. 10. O rio transbordou/ inundou as margens. 11. Fomos (de carro) para Roma via Florença. 12. O desempenho/Os resultados dele/BP O desempenho dele é/são acima da/superior/es à média. 13. Fiquei debruçado sobre os livros até às duas da manhã. 14. Mais cedo ou mais tarde perceberás/BP você perceberá que cometeste/BP cometeu um erro. 15. Eu posso ver a televisão/BP assistir televisão italiana por/via satélite 16. Isso ultrapassa a/BP ultrapassa minha compreensão.17. O meu/BP Meu chefe passa por cima de tudo e de todos/ não respeita vivos nem mortos/não tem escrúpulos. 18. Não te inclines/ debruces/BP se incline/debruce sobre o corrimão. 19. O filho dele vive acima das suas posses/gasta mais do que tem. 20. Não há nada como um bom café/uma boa chávena/BP xícara de café. 21. Só por cima do meu cadáver!

25. 1. O comboio/BP trem chega às 15h15. 2. O filho dele morreu num acidente de viação./BP O filho dele morreu em um acidente de carro. 3. A terra gira em volta/torno do sol. 4. Foi uma pena o tempo perdido. 5. Pelo amor de Deus! 6. O castelo está rodeado por uma vala/um fosso funda/o./A toda a volta do castelo há/existe uma vala/um fosso funda/o. 7. De repente apareceu um homem à esquina. 8. Havia cerca de 6000 espectadores no estádio. 9. Há lá sempre muitas pessoas a esta hora. 10. É uma tempestade num copo de água. 11. Os juros subiram 3%. 12. A criança quase ficou debaixo do elé(c)trico. 13. A morte da/BP de sua filha enlouqueceu-o/BP o enlouqueceu/o deixou louco. 14. Nunca te/BP lhe/te falta uma desculpa. 15. Quanto mais cedo começarmos, mais depressa/rápido terminaremos.

26. 1. O caderno está debaixo dos livros. 2. A Ângela /BP (A) Ângela está no duche/a tomar duche/BP chuveiro/está tomando uma ducha. 3. Estão 10 graus abaixo de zero. 4. Por baixo de nós mora uma família espanhola 5. Eu pus a chave debaixo/BP Coloquei a chave embaixo do capacho. 6. Há um traidor entre nós. 7. Tem de/que se/BP Você tem que considerar o assunto de um ponto de vista diferente. 8. No reinado de Júlio II começaram a construir-se obras extraordinárias. 9. Em www.... pode(m)-se/BP você pode encontrar mais informações. 10. Eu gosto de estar perto de/das pessoas/BP entre as pessoas.

27. 1. As notas dele são sempre abaixo da/inferiores à média. 2. O julgamento terá lugar à porta fechada. 3. A casa de banho estava toda inundada/debaixo de água /BP Todo o banheiro estava inundado/debaixo de água. 4. A oposição está a exercer/BP exercendo pressão sobre o governo. 5. Aqui entre nós, eles têm razão./BP Entre você e eu, eles estão certos. 6. A rapariga/BP garota confessou a verdade banhada em lágrimas. 7. Ela tinha olheiras 8. Ele disse-mo/BP me disse na condição de guardar sigilo completamente. 9. Como conciliar todas essas opiniões? 10. Muito provavelmente ele vai ter de/BP que ir para a cirurgia/ter de/que ser operado. 11. Estamos a ficar apertados/pressionados com a falta de tempo. 12. Nestas circunstâncias, eu não posso continuar a trabalhar/BP trabalhando. 13. Temos que evitar isso a todo o custo. 14. O desempenho da nossa equipa/BP de nossa equipe estava miserável. 15. Isso está abaixo do meu nível. 16. A caixa da televisão estava eletrizada. 17. Esta campanha está sob a égide das Nações Unidas. 18. Não venderei o quadro por um preço inferior ao devido. 19. Houve muitas vítimas entre a população civil. 20. A entrada é proibida a menores de 18 anos./Não são admitidos jovens com menos de 18 anos. 21. O evento realiza-se/BP se realiza sob o patrocínio do Primeiro Ministro. 22. Eu não vendo a casa por menos de 350.000 euros. 23. Podes sempre contactar-me no meu número de telemóvel./BP Você sempre pode me contatar/me encontrar pelo celular. 24. Isso/Isto fica entre nós.

28. 1. O que é que tu queres/BP O que você quer de mim? 2. Já te despediste dos teus /BP Você já se despediu de seus avós? 3. Eu não sou daqui. 4. Eu vou buscá-lo à estação. 5. A Laura/BP (A) Laura está à espera de/BP está esperando um filho dele 6. Eu ainda não recebi dinheiro nenhum de casa. 7. O Sr. Rossi é um colega meu. 8. Hoje trabalhámos/BP trabalhamos das 15h às 22 horas. 9. Prefiro uma cerveja de caneca. 10. Três em cada dez alemães são a favor. 11. A partir de amanhã eu não fumo mais. 12. Eu sabia desde o início/de antemão que isso não era verdade. 13. Quem não arrisca não petisca. 14. Conheço o Mário/BP (o) Mário desde criança/a infância. 15. Ele desde que está no Brasil não dá sinal de vida.

29. 1. Nós encontramo-nos/BP Nós nos encontramos em frente da estação. 2. Eu não consigo chegar antes das 5:00. 3. Era a calma antes da tempestade. 4. O comboio/BP trem partiu há dez minutos. 5. Eu tremia de medo. 6. O Ângelo/BP (O) Ângelo chegou antes de ti/BP você. 7. Roma foi fundada em 753 a.C. 8. Eu tenho medo de cães/BP cachorros. 9. Voltaremos a encontrar-nos em tribunal./BP Voltaremos a nos encontrar/Vamos nos reencontrar/nos reencontraremos no tribnal. 10. São principalmente estrangeiros que moram neste distrito./Este distrito é habitado na sua maioria por estrangeiros.

30. 1. É frustrante jogar futebol em frente de bancadas vazias. 2. Acima de tudo/Em primeiro lugar, temos que contratar um avançado/ponta de lança/BP atacante. 3. O incidente aconteceu mesmo à minha frente. 4. Eu, com tantas dores, não consegui dizer uma palavra. 5. Cuidado com os carteiristas/BP batedores de carteira. 6. O nosso filho coloca-nos sempre perante factos consumados/BP Nosso filho sempre nos coloca na frente de um fato consumado. 7. Eu não recebi os documentos todos antes do prazo/da data limite de registo. 8. Eu não me conseguia ter em pé por causa do cansaço.

31. 1. Convido-te para jantar. 2. Vou hoje à noite a casa da/BP de Maria. 3. Tenho de/que ir ao oftalmologista. 4. Ficamos em casa. 5. Estou aqui pela primeira vez. 6. Felizmente, os correios ainda estavam abertos. 7. O que é que vais beber/BP O que você vai beber com o peixe? 8. É este o caminho para a estação? 9. O meu/BP Meu filho atira o dinheiro dele/BP está jogando seu dinheiro pela janela. 10. Vieste na hora exata/BP Você veio no momento certo. 11. Em latim, por exemplo, não há artigos. 12. Vem cá/Anda cá/BP Venha cá a mim! 13. Festejamos em casa do Stefano/BP de Stefano. 14. Eu vou à missa aos domingos. 15. Isso é verdade, mas só em parte. 16. Fiquei com este livro pela metade do preço. 17. Nunca és/BP Você nunca é sincero comigo. 18. Felizmente, não te feriste/magoaste/BP você não se machucou. 19. O meu/BP Meu colega não apareceu ao trabalho/para trabalhar. 20. Ainda ando na escola.

32. 1. Esta blusa combina bem com a tua/BP com sua saia verde. 2. O que pensas/achas/BP você acha desta proposta/sugestão? 3. Isso é de ficar enjoado/meter nojo!/É uma porcaria! 4. Esta reação era de esperar/BP se esperar. 5. Com muito grande pena minha, ele não aceitou a minha/BP aceitou minha oferta. 6. A pena/BP sentença foi suspensa para liberdade condicionada. 7. Eu não tenho boas pernas para caminhar. 8. No meu tempo não havia telemóvel/BP telefone celular. 9. Amanhã tenho de/que ir ao hospital fazer uma radiografia/para fazer um raio-x. 10. Um grupo de terroristas reivindicou a responsabilidade pelo atentado. 11. Esperamos que ele tome juízo. 12. Eu vou optar pelo menu por 20 euros. 13. Podíamos ir ao teatro, para variar. 14. Vamos/Passamos ao tema imediatamente. 15. Este cinto pertence às/é das calças pretas. 16. Para minha grande vergonha, devo confessar que me tinha esquecido do/BP que tinha me esquecido de/que tinha esquecido nosso aniversario de casamento. 17. Para piorar as coisas, eu tinha-me esquecido das chaves de casa/BP eu tinha esquecido as chaves de casa/eu me tinha esquecido das chaves de casa. 18. Queixaste-te/BP Você se queixou com razão. 19. Ele fez-me/BP me fez rir. 20. A filha dele tem estofo para (ser) pianista. 21. Gostaria de terminar citando um verso de Horácio.

33. 1. O lugar em frente dela/BP em frente a ela estava livre. 2. O bar fica ao lado do cinema. 3. Eu podia pedir batatas em vez de arroz?/Podia trazer-me/BP me trazer/batatas em vez de arroz?/Eu queria batatas em vez de arroz. Será possível? 4. Houve tumultos durante a manifestação. 5. Apesar do mau tempo, nós pusémo-nos/BP nos pusemos a caminho. 6. Fora da cidade, os terrenos são mais baratos. 7. O Sr. Müller vai telefonar nas próximas horas. 8. Graças à tua/BP a sua ajuda, consegui terminar o trabalho a tempo. 9. O senhor/A senhora/Você receberá uma resposta no prazo duma/de uma semana. 10. Devido a problemas técnicos, a representação teve de/que ser adiada. 11. O museu fica do outro lado do rio. 12. De acordo com/Segundo o seu desejo, o/BP seu filho estudou Direito. 13. De acordo com as previsões meteorológicas, o tempo vai continuar bom nos próximos dias. 14. A temperatura varia entre os 10 e 20 graus. 15. Eu não me posso queixar/BP não posso reclamar, ele foi sempre amável comigo. 16. Ando a aprender/BP Venho aprendendo alemão há três anos. 17. A partir da próxima semana, vou trabalhar em/no Recife/ estarei a trabalhar/BP estarei trabalhando em/no Recife. 18. Devido ao mau tempo, a viagem foi cancelada. 19. O palacete fica um pouco afastado/fora da aldeia. 20. Durante os meus/BP os meus estudos, fiz um estágio num hospital. 21. Conseguimos apesar das grandes dificuldades. 22. De acordo com/ Segundo o relatório post mortem/da autópsia, trata-se/BP se trata de um suicídio. 23. Eu tomo o café sem açúcar. 24. O acusado foi absolvido por falta de provas. 25. Envio-lhe/Enviar-lhe-ei/BP Enviarei a oferta por fax. 26. Fechado para trabalhos de restauro/restauração. 27. Pagámos/BP Pagamos/40 euros por pessoa pela excursão. 28. Íamos a caminhar/BP caminhando ao longo do rio quando ouvimos gritos. 29. Blusas a partir de 20 euros. 30. O assassino foi condenado com base nas provas existentes 31. Devido às fortes chuvas, estes caminhos tornaram-se/BP esses caminhos se tornaram intransitáveis. 32. Ao contrário do que se esperava/de todas as expectativas/Contrariamente às expectativas, ele não passou no exame.

Lösungen von Kapitel 27

1. 1. As crianças estão no jardim? 2. O senhor é alemão?/A senhora é alemã?/Você é alemão?/alemã? 3. A tua irmã aprende/BP Sua irmã aprende/ está aprendendo alemão? 4. Tu tens/BP Você tem tempo? 5. Onde está ela?/BP Onde ela está? 6. Onde fica/é a casa de banho/BP o banheiro? 7. Quando é que te levantaste?/BP Quando você se levantou? 8. Quando é que se levantou o teu irmão?/BP Quando seu irmão se levantou? 9. Quantos anos tem a tua irmã/BP sua irmã tem? 10. Por que é que/BP Por que a criança estava com/tinha medo? 11. O que é que o Manuel/BP O que (o) Manuel dirá aos seus pais? 12. Quando é que a tua/BP Quando sua irmã tomou essa decisão? 13. Em que medida mudaram as condições de vida/BP as condições de vida mudaram? 14. A que horas será transmitido o jogo/BP o jogo será transmitido? 15. Alguém viu o chefe? 16. Não sei por que o meu/BP por que meu colega foi despedido. 17. A que horas chega o comboio/BP trem? 18. A minha/BP Minha filha mais nova nasceu em Berlim em 2014. 19. A doença da qual padece o/BP padece meu cunhado é muito grave. 20. Este relógio é igual ao que o meu/BP ao que meu marido me deu no meu aniversário. 21. O professor ensina italiano aos alunos. 22. Enviei um postal/BP cartão aos meus/BP para meus avós. 23. Pedi desculpa ao meu colega por ter-me portado mal/BP por meu mau comportamento. 24. Quais são, na sua opinião, os vários perigos que ameaçam o meio ambiente? 25. O meu/BP Meu irmão deixou as janelas abertas. 26. Depois do almoço, nos sentámo-nos/BP sentamos no terraço. 27. Eu encontrei o teu/BP seu colega no restaurante ontem à noite. 28. Para minha grande surpresa, ele já se foi embora. 29. O meu/BP Meu pai trabalha na BMW. 30. Eu vou para Lisboa de comboio/BP trem. 31. Já vem a comida. 32. Entra o número 15, sai o número 8. 33. "Eu não o faria", disse o meu/BP disse meu pai. 34. Reinava um silêncio absoluto.

2. 1. O trabalho doméstico, fazemo-lo/BP o fazemos juntos. 2. O jornal, leio-o/BP o leio todos os dias. 3. Alguma coisa farei, mas ainda não sei o quê. 4. A ele, vejo-o/BP o vejo ... 5. Isso até uma criança sabe. 6. O alemão, o meu/BP meu marido fala-o/BP o fala muito bem.

3. 1. O último troço/O resto do caminho, temos que fazê-lo a pé. 2. A minha mulher/BP Minha esposa, conheci-a/BP a conheci em Londres. 3. Os livros, consegui-os/BP os consegui pela metade do preço. 4. A mulher, não a conheço. 5. A ela, não a conheço. 6. O inglês, ela fala-o/BP o fala muito bem. 7. As faturas, já as paguei. 8. A tradução, faço-a/fá-la-ei/vou fazê-la/BP vou fazê-la amanhã. 9. Estes medicamentos, tomo-os/BP os tomo regularmente.

4. 1. Muitos poemas sei-os de cor. 2. Uma cozinha assim eu nunca tive. 3. Um namorado de verdade ela ainda não tem. 4. Muito não sabemos. 5. Figos não temos. 6. Ideias tem ele muitas. 7. As perguntas sou eu que faço! 8. Três paezinhos é que tu comeste/BP você comeu, não dois.

5. 1. Foi o meu/BP meu colega que/quem resolveu o problema./Quem resolveu o problema foi o/BP meu colega. 2. São as crianças que me preocupam./Quem me preocupa são as crianças. 3. É com a/BP com sua amiga que ela se preocupa. 4. Era o teu/BP seu pai que tinha razão./Quem tinha razão era o teu/BP seu pai. 5. O que eu quero é um café. 6. É do péssimo ambiente de trabalho que os empregados se queixam.

6. 1. A Helena/BP (A) Helena é quem/a que dança melhor./Quem dança melhor é a/BP (a) Helena. 2. Foi pela voz que o reconheci. 3. É assim que tens/BP você tem que jogar. 4. Casar, com ela, ele não casará. 5. Louco é o que ele é. 6. Médico é o que ele é./O que ele é, é médico. 7. Comer, come-se/BP se come em casa. 8. Ouvir, ouvi-o/BP o ouvi, mas não o vi. 9. Não foi isto que eu pedi. 10. Eles são loucos, os Romanos.

Lösungen von Kapitel 28

1. 1. não se sente bem. 2. não sabia. 3. em breve ia casar-se. 4. não me tinham visto. 5. me ajudariam. 6. não se preocupassem/para não se preocupar. 7. estava absolutamente certo de que o governo seria capaz de lidar com aquele problema. 8. não fez aquilo de propósito. 9. ia trabalhar mais. 10. não tinha entendido a pergunta. 11. eu tinha feito progresso. 12. se ele não se comportasse corretamente, haveria problemas. 13. continuaria escrevendo enquanto estivesse vivo.

2. 1. "Eu não sei." - O aluno diz que não sabe. 2. "Não temos dinheiro." - Os pais disseram que não tinham dinheiro. 3. "Eu ligo-vos/BP Eu ligo para vocês assim que chegar a Paris." – O nosso/BP Nosso filho prometeu que nos ligava/BP ligaria para nós assim que chegasse a Paris. 4. "Nós casar-nos-emos apenas/BP Só nos casaremos pelo civil." - O Manuel e a Luísa/BP (O) Manuel e (a) Luísa disseram que só se casariam pelo civil. 5. "Por favor, conduza/BP dirija mais rápido porque tenho que chegar ao aeroporto o mais rápido possível; caso contrário, perderei o meu/BP perderei meu voo para Londres ". - O passageiro pediu ao taxista que conduzisse/BP dirigisse/para dirigir mais rápido, porque ele tinha que chegar ao aeroporto o mais rápido possível; caso contrário, perderia o voo para Londres. 6. "Reagi assim porque um colega da escola me insultou." - O rapaz/BP garoto disse que tinha reagido assim porque um colega da escola o tinha insultado 7. "A minha irmã está a ficar melhor./BP Minha irmã está ficando melhor." - A Petra/BP (A) Petra disse que a sua irmã estava a ficar melhor/BP que sua irmã estáva ficando melhor. 8. "Perdoa/BP Perdoe-me, isso não acontecerá novamente." - Ele disse-me/BP me disse com lágrimas que o perdoasse/BP para perdoá-lo, que isso não aconteceria mais. 9. "Desde que não tenhas/BP você não tenha 18 anos, não tens licença/BP você não tem licença de/para ir de férias sozinha." - O pai disse à filha que, desde que ela não tivesse 18 anos, ela não tinha licença de/para ir de férias sozinha. 10. "Vou-me embora na próxima semana." – Na altura, ele disse que se ia embora/BP Disse, na época, que iria embora na semana seguinte. 11. "Eu não sabia disso naquela altura." - O vendedor garantiu-me/me garantiu que não sabia daquilo naquela altura. 12. "Nós encarregar-nos-emos/vamo-nos encarregar/vamos encarregar-nos/BP vamos nos encarregar do assunto." - Respondi ao meu amigo que nós encarregar-nos-íamos/que íamos encarregar-nos do assunto. BP Respondi a meu amigo que iríamos nos encarregar do assunto. 13. "Não posso ir trabalhar hoje porque estou com gripe intestinal." - A senhora Meier ligou dizendo que não podia vir trabalhar hoje porque estava com gripe intestinal. 14. "Eu vou passar no exame." – A Martina/BP Martina acha que vai passar no exame. 15. "Eu vi o ladrão correr/BP correndo para fora do banco." - A testemunha relatou que viu o ladrão correr/BP correndo para fora do banco. 16. "Estamos satisfeitos com esta solução." – Os meus/BP Meus pais disseram que estavam satisfeitos com aquela solução. 17. "Eu não quero ter mais nada a ver com essa pessoa." – A minha/BP Minha amiga declarou que não queria ter mais nada a ver com aquela pessoa. 18. "Eu tenho que consultar um médico." – O meu/BP Meu pai disse que tinha que consultar um médico. 19. "Não tenho a certeza de que ele manterá a sua palavra porque ele já me decepcionou várias vezes. ". – A minha/BP Minha irmã disse que não tinha a certeza de que ele manteria a/BP manteria sua palavra porque ele já a tinha decepcionado várias vezes. 20. "Os mecânicos foram-se embora e só voltarão amanhã. – Um funcionário do posto de gasolina disse-me na altura/BP me disse na época que os mecânicos se tinham ido e voltariam só no dia seguinte. 21. "A criminalidade diminuiria se a droga fosse legalizada.". - O procurador da República/BP promotor público alegou que o crime diminuiria se a droga fosse legalizada. 22. "Agora é demasiado tarde/BP tarde demais agora. Eu nunca vou saber. - O jovem disse que então era demasiado tarde/BP tarde demais agora. Ele nunca ia saber. 23. "Estou satisfeito com a minha/BP minha vida." - O homem disse que estava satisfeito com a sua/BP com sua vida. 24. "Gostaria de ir de férias, mas não tenho posses." – O meu/BP Meu vizinho disse que gostaria de ir de férias, mas não tinha posses. 25. "Já vimos o filme três vezes." - As meninas disseram que já tinham visto o filme três vezes. 26. "Eu só vou falar na presença do/BP de meu advogado ." - A mulher disse que só ia falar na presença do seu/BP de seu advogado. 27. "Deixe de fumar!" - O médico tinha dito várias vezes ao meu/BP a meu marido que deixasse/BP para parar de fumar. 28. "Eu fiquei grávida aos 18 anos." - A mulher disse que tinha ficado grávida aos 18 anos. 29. "Vou-te contar uma história linda se prometeres portar-te bem e se fores dormir sem chorar"./BP Eu lhe/te vou contar uma história linda se você prometer se portar bem e se for dormir sem chorar". - A avó disse ao neto que ela lhe ia contar uma história linda se ele prometesse portar-se bem e se fosse dormir sem chorar. 30. "Se tiver um filho, deixarei de trabalhar, mas se houver um problema financeiro, voltarei a trabalhar." - A Sandra/BP (A) Sandra disse recentemente que, se tivesse um filho, deixaria de trabalhar, mas se houvesse um problema financeiro, ela voltaria a trabalhar. 31. "Eu informar-te-ei/BP vou te informar assim que tiver as informações necessárias. - O colega disse-me/BP me disse que me informaria assim que tivesse as informações necessárias. 32. "Se os romanos tivessem tido que aprender latim, nunca teriam encontrado tempo para conquistar o mundo. - Heinrich Heine disse que se os romanos tivessem tido que aprender latim, nunca teriam encontrado tempo para conquistar o mundo. 33. "Eu ataquei a mulher porque sou viciado em drogas e precisava de dinheiro para arranjar heroína". - O réu disse que tinha atacado a mulher porque era viciado em drogas e precisava de dinheiro para arranjar heroína. 34. "Não vou contar isso a ninguém." – O Tom/BP (O) Tom prometeu que não ia contar isso a ninguém.

3. 1. Ele não sabe o que é amor. 2. Não sei se ele virá. 3. Eu já não sabia como se diz "bocejar" em inglês. 4. Diz-me/BP Diga-me o que ele te/BP lhe/ te respondeu. 5. Ele não me disse quem tinha ligado. 6. Eu perguntei-lhe/BP lhe perguntei se ele o conhecia. 7. Não percebes/BP Você não percebe quanto ele está apaixonado por ti/BP você? 8. Nós não sabíamos como agir. 9. A minha mulher nunca sabe o que há-de vestir./BP Minha esposa nunca sabe o que vestir. 10. Nós não sabíamos se eles poderiam vir. 11. O problema é como reduzir o desemprego. 12. Nós não sabíamos como o nosso/BP como nosso filho se comportaria. 13. É difícil dizer quem é o melhor guarda-redes/BP goleiro do mundo. 14. Pode dizer-me/BP Você pode me dizer onde fica o Hotel Astor? 15. Pergunta-lhe/BP Pergunte se ele gostava de ir ao cinema connosco/BP conosco. 16. A Lisa/BP Lisa perguntou à mãe se ela iria à cidade com ela no dia seguinte. 17. Não sei quem disse isso. 18. Ela não me disse por que é que eles se estavam a divorciar/BP por que estavam se divorciando. 19. Eu não consigo imaginar como isso há-de/BP deve funcionar. 20. Pode dizer-me/BP Você pode me dizer onde fica o Hotel Colonial? 21. Não te posso dizer/ posso dizer-te/BP Não posso lhe/te dizer a quem pertence essa carteira/BP bolsa. 22. O meu/BP Meu chefe perguntou-me/BP me perguntou se eu estava pronto para assumir esta tarefa. 23. Pode-me explicar/Pode explicar-me/BP Você pode me explicar como funciona uma apresentação de Power Point? 24. O gerente de pessoal perguntou-me/BP me perguntou se eu sabia falar bem inglês. 25. Não sei quem mais eles convidaram. 26. Eu estaria interessado em saber como ele conseguiu passar no exame. 27. Eu gostaria de saber quem comeu os meus/BP comeu meus amendoins. 28. Sabes/BP Você sabe quando esta lei entrou em vigor? 29. Estou cheio/a de curiosidade/Estou curioso/a para ver quem vai ganhar a luta. 30. Eu perguntei-lhe como podia ajudá-la. 31. Ela não me quer dizer/quer dizer-me/ BP não quer me dizer com quem saiu. 32. O polícia/BP policial queria saber de quem era/a quem pertencia o carro. 33. Sabes/BP Você sabe em que paragem/BP parada nós temos que descer?

Lehrwerke

Wolfgang Reumuth
Otto Winkelmann

Praktische Grammatik der portugiesischen Sprache

2013, XVIII + 596 Seiten, € 29,00
ISBN 978-3-936496-39-0

Die *Praktische Grammatik der portugiesischen Sprache* ist eine ausführliche Lern- und Nachschlagegrammatik für deutschsprachige Portugiesisch-Lernende. Sie wendet sich an Studierende des Faches Lusitanistik an deutschsprachigen Universitäten, an Übersetzer und Dolmetscher sowie an alle, die sich gründliche Kenntnisse der portugiesischen Sprache aneignen wollen. Die Grammatik bietet eine umfassende Beschreibung des aktuellen Gebrauchs der portugiesischen Sprache, einschließlich der Aussprache, Orthografie und Wortbildung. Im Vordergrund steht der Sprachgebrauch, der anhand einer sehr großen Zahl von Beispielsätzen veranschaulicht wird. Die aufgeführten Beispielsätze, Wendungen und Ausdrücke sind überwiegend so gewählt, dass sie in der Alltagskommunikation der Portugiesisch-Lernenden unmittelbar verwendet und ohne Mühe abgewandelt werden können. Alle Beispielsätze sind vollständig ins Deutsche übersetzt, damit den Lernenden die oft unterschiedlichen Sprachstrukturen bewusst werden und sie auf diese Weise zu einer kontrastiven Sprachbetrachtung angeregt werden. Außerdem können sie hierdurch ihren aktiven Wortschatz erweitern.

Ferner zeichnet sich die Grammatik durch die Einbeziehung der wichtigsten Besonderheiten des brasilianischen Portugiesisch aus.

gottfried egert verlag
Postfach 11 80 · D-69259 Wilhelmsfeld · Telefax 0 62 20/67 01
egertverlag@t-online.de · www.egertverlag.de